別被教育打敗！

高子壹
著

推薦序：《別被教育打敗》

彭明輝——清華大學動力機械工程系榮譽退休教授

這是一本談教育與學習的書，很值得學生、家長、老師和關心教改的人讀。它有一個獨特的作者，從獨特而寬廣的角度看教育與學習，跟你讀過的大部分相關書籍都不太一樣，卻指出許多學習者、教師、家長和教改人士的盲點，也提出許多值得參考的建議。

作者高子壹的經歷很獨特：父母出身鄉村和市場的中下階層，從沒讀過大學，渴望讓孩子進大學，因此用「第幾名打幾下」的高壓逼她讀書；她從偏僻的國中考上北一女，學測時失常卻幸運地進入台大社會系，找到自己的志業；但是一路唸名校的她，卻要到唸清大社會所的時候才真正地了解什麼叫做「學習」，以及「如何讀書」。從痛苦地被迫學習，到終於知道為何學習以及如何學習，這本書跟讀者分享她的心路歷程，也藉此幫讀者釐清「何謂學習」、「為何學習」、「如何讀書」，希望讀者可以不被「學習」這件事打敗。

一路唸名校的「聯考贏家」通常不會了解成績不好的人心裡在想什麼，以及為何學不好。作者卻因為具有豐富的家教、代課與補習班的經歷，以及社會學薰陶下對不同社會背景人士的同情與理解，而深知各種人學不好的原因和困擾。北一女和台大的校友有幾人願意去當補習班老師，並且放下身段，認真去理解補習班老師的教學訣竅和背後的理念？作者卻願意虛心地去理解補教老師的教學要領，親自去嘗試，並且在一再失敗與調整教法後得到成功的要領。面對各種難教的學生，作者分享她作為老師的心得，跟家長和老師們談「如何不被學生打敗」。

一個唸社會學，志在研究社會問題的人，竟然想引導補習班學生用批判性思考談社會問題，引導學生去理解社會重大事件的來龍去脈，以及如何評價，這會

推薦序：讓孩子愛上學習

張瑋琪——空中大學新竹分部面授教師及玄奘大學心理輔導組諮商心理師

看到書中這句「讓學習像呼吸一樣自然」，一股莫名的感動浮上心頭！多年前曾聽到一則事件，訴說著一個盡責疼愛孩子的媽媽，每天忙著接送孩子上、下學、趕才藝班，甚至為了讓孩子受到最好的音樂教育，住在台北以外縣市的她還假日辛勞的送孩子到台北找名師上課。孩子曾經在放學走出校園時，眼睜睜的看著同學在操場上玩耍，開口跟媽媽說他想玩一下盪鞦韆，卻因為要趕車、上課而被否決了。這樣的日子持續著，直到某天孩子生病、住院、往生了，媽媽才哭泣懊悔的表示：早知道會這樣，我當時就該讓他坐盪鞦韆玩！許多父母為了不要讓孩子輸在起跑點、希望他不落人後，使孩子失去了無憂無慮寶貴的稚幼童年，多少學子也在父母、師長的期待與社會制度下失去了快樂的青春歲月。我了解許多家長也不希望如此過日子，誰希望把自己搞得那麼累或不快樂！我很感謝本書作者以親身體驗與教學經驗，道盡時下社會教育制度與風氣如何造成家長、學校師長與孩子莫大的焦慮、期待與壓力，喚醒所謂「大人」們停下腳步，對其教育理念與態度進行更深的省思。

巴關曾說：「教育孩子是最困難的藝術之一」，時下教育制度與風氣已經忘記了生命的意義和教育的初衷，致使許多父母、師長與教育家不斷的以為孩子著想為理由，將教育建構在教孩子如何追逐社會理想中的生活或有成就者，以前就學期會希望孩子有能力讀台大、政大、師大、清大、交大……，出社會之後希望孩子能成為未來的王永慶、當醫師、律師、工程師……等等「師」字輩的；現在希望孩子有能力成為郭台銘、比爾蓋茲、馬雲……您可曾傾聽孩子內心真正被召喚的聲音為何？合一大學的某位指導老師曾說：「孩子生來就是覺醒的，是大人和社會把他們教成不覺醒的。」當然有些父母很愛孩子，送孩子到私校或森林小學生活，所費不貲，並非大多數家庭所能支應；也有少數父母與師長能真正破除社會文化束縛而允許孩子快樂做自己，有些孩子比較幸福，但終究是少數家庭。

本書體貼的道出所謂好父母，不是為了塑造完美形象而汲汲營營的想成為形象好的父母或神聖爸媽，而是如實如是的做自己。您是一位做自己、讓自己在關係裡自在幸福、樂在工作與生活在愛裡的父母嗎？愛孩子要先從愛自己做榜樣開始，因為沒有一個孩子能生活在不快樂的父母底下，卻還能獨自黯然享受幸福快樂的。還等什麼？為了孩子，該是停下腳步，閱讀和跟隨本書的節奏對教育進行省思的時候了。

愛因斯坦說：「每人都是天才。但如果你用『爬樹能力』來斷定一條魚有多少才幹，牠整個人生都會相信自己是愚蠢不堪。」作者談到許多孩子內心的痛苦來自於父母的不瞭解、不近人情的要求。本人自民國八十三年開始接觸心理諮商輔導領域，看盡許多父母親戚常常認為問題出在孩子不夠認真、不夠用功、太懶不努力、不聽話、個性或脾氣問題、青春叛逆期、老師問題、配偶問題、爺奶教育問題，或是歸因為前世債……等等因素，似乎須要諮商輔導的都是孩子或其他人，但在孩子的眼裡常常認為須要被諮商輔導的正是那些認為他們有問題的大人們！其實大家都是家庭的一份子，彼此同在一條船上，相互影響著彼此，沒有一個問題僅是單純的出自於一位家庭成員，在潛意識和家庭集體意識上彼此相繫相互影響著。很棒的是，孩子是家庭的一面鏡子，往往反應出家庭動力及潛藏的問題，隨著問題的發生、探討、看見與調整，正是家庭問題共同化危機為轉機的關鍵時刻。

《商業周刊》創辦人金惟純提到：「世上所有東西，累積過多時，都會讓人越來越大、越重、越硬、越固著，弄到最後，卡在原地，哪也去不了；世間只有慈悲和智慧，是不嫌多的，越多就讓人越小、越輕、越軟、越流動、越有能量，到最後能心想事成，想去哪、就去哪。」試回想，您過去國中小學背誦和記憶的內容，在畢業出社會之後，除了從事的工作須要用到的專業知識之外，日常中真能用到當年課本內容的比例有多少？比例很低。現代的孩子們很聰明，許多知識上網問問類似「Google 大神」的搜尋引擎，答案即可輕易獲得；如今英文和電腦常用的應用程式歸類為基本能力，已經不算是專業知識了；要孩子背誦一堆課文、學習和記憶一堆收斂性思維的知識應付考試、取得高分的觀念已經落伍了。在孩子成長過程中，內隱學習之影響深遠，現代教育真正要做的是教孩子什麼是愛、慈悲，如何建立與經營關係與人脈，學習如何去學習，以及培養水平式發散性思考與獨立思考的能力，正如本書談到的「關鍵在於如何讓小孩的學習成為一種能力，一種能在任何困難的環境下，都能適應，並積極開創可能性的能力。」這本書正是父母學習如何教育及培養孩子這項關鍵能力的重要態度與方法的寶典。

作者強調要找到自己的 tone 調。尼采：「我們所經驗的事物大部分都是自己創造出來的，我們是連自己都不知的偉大藝術家。」每個人都是獨一無二的，每個靈魂有其生命藍圖，孩子的靈魂帶著他的天賦能力來到世間，等待喚醒內在的力量以活出他的天命與使命。華嚴經：「心如工畫師，能畫諸世間。五蘊悉從生，無法而不造。」教育的目的絕不是填鴨式的教導如何活出大人們以為的生存能力，身為父母的您很重要，孩子等著您教他如何認識世界、如何用心對待世界，孩子期待您能瞭解和賞識他的內在資源與特質，陪伴他找到屬於自己的天空。另一件重要的事情是，許多父母常會提到孩子缺乏自信，殊不知給孩子為自己負責的空間，正是給孩子找到力量以建立自信的空間。如何做到？本書提供了實行的智慧。

網路上流傳一段約翰藍儂的話：「五歲的時候，媽媽告訴我快樂是人生的關鍵。上學以後，他們問我長大後的志願夢想是什麼？我寫下『快樂』。他們說我沒搞清楚題目，我告訴他們是他們沒搞清楚人生。」願天下父母、師長們與孩子們都活在健康快樂的生活裡。

推薦序

在看似多元的台灣社會表面下，有的是我們對個體生命與整體社會圖像多元化的遲疑與恐懼，這個遲疑更是反應在我們正式教育體制下的無比競爭與成敗壓力。在這樣的升學體制文化下，不論是學生、家長或老師，每個人都難以從容地找到應對的方式與態度，努力地生存過去是許多人對升學體制的共同經驗與感受。這本書描繪、頗析作者在升學體制中的掙扎，與認識到自己是誰的過程。雖然是討論作者個人學習、教學與成長經驗的書，但每個人卻又能在其中找到一些自己的影子，對台灣的教育文化又一貼近的反思。

沈秀華——清華大學社會研究所副教授

這是一本難得的本土社普書。教育現場淬煉出的經驗、強烈的入世熱情、冷靜的社會科學視野、洗鍊的文筆，這四者要做到任何一點都不容易，但這本書卻兼而有之。不論學生、教師或家長，都能在這本書中找到反省的契機，練出自己專屬的、不被人生擊敗的招式。

萬毓澤——中山大學社會學系副教授

知道季風怎麼吹，哪裡的背風面就是沙漠，根本不需要死背。對於一個前重考生來說，真是一本相見恨晚的好書啊！

許赫——心波力幸福書房攪和總監

自序：世界上真的有聖誕老人

聖誕節，收到幾個推薦人的回音，還收到彭明輝老師很認真感人的推薦序，真的是最棒的聖誕禮物了。

一開始的時候，編輯跟我都沒有想到這本書會長成這種既不像社會書，也不像教養書的四不像。我們本來以為，這本書若不是以批判為己任，刀光劍影，也會是教養食譜，對症下藥。沒想到，實際寫作時，該罵處罵不出口，該打處打不下手，反而讓這本書變成一本溫馨的勵志小品。

其實是有很多線索可以批判的，學校封建保守，家長教養壓迫，老師剛愎自用，學生懶惰自我，但是，當我走進家庭，看到父母的無奈，走進學校，看到老師的灰心，走到補習班，看到升學主義與商業之間的糾葛，對於這些「缺點」，便生出了許多的不忍心。

不論是對於學校、家長或老師，每個人在面對教育體制時，常常感到那麼無力、那麼孤單，於是只能用自己所處的位置來理解教育，彼此之間卻又那麼爭鋒相對、充滿誤解。

本書盡量避免一種常見的寫法，即，將學生描寫為缺乏能動性的受害者，或天真的（naive）、等待被塑造、被教育的「素人」。許多探討升學主義的書籍，常常從可憐學生的立場出發，似乎，在學校與家庭雙重權威的壓迫下，被訓練為考試機器的中學生，「被迫」缺乏思考力，他們不是只能屈從，就是只能爆發。爆發而傷害最愛自己的人以後，又要求家長要（幾乎無限地）包容與耐心。要不，就是站在一個道德高度，責問家長與老師們，怎麼能用考試「殘害」國家幼苗。

本書不同意這樣的觀點。相反地，我認為，學生應被視為具有獨立性格的成人看待，學生與師長之間的互動，並不是純粹的餵食（知識）者與被餵食者，學生，應該為自己負責。

要批判實在太容易了！也因為批判太容易，往往在無心之中傷害了許多認真想做好教育的人。我認為，有些家長團體與體制外教育團體，都犯了這樣輕忽的毛病。

也許就讓習於尖酸冷言的社會學者當一次聖誕老人吧！

承上，這本書的基本調性是「同情」，或者，用學術術語來說，是「同情式的理解」。社會學的基本訓練帶給我們的啟發是看到一個人，我們不只看到這個人，也看到這個人背後層層交織的結構。而結構位置會限制個人所能動用的資源、對事物的理解、行動的策略，還有他的觀點。如果每個人都只從自己的角度來理解教育，那麼，家長與老師之間的衝突，家長與學生之間的矛盾，學生與老師之間的權力關係，或者，孤單的個人面對龐大的體制的那種無力感，將會在相互攻訐之中更加強化。

而這正是本書所能帶來的獨特貢獻之處。

我曾經穿梭於教育體制的不同位置，如果我能把我的雙眼看到的，我的雙耳聽到的，我的內心所能感受到的，那些彼此誤解與攻訐背後的無言之意傳達出來，也許，這本書能帶給家長，帶給老師，帶給學生們一些相互同情，相互理解的可能性。

該是讓彼此間的視域相互交融的時候了！曾有一本啟發我甚多的書名取為**《讓高牆倒下吧》**，本書沒有推倒高牆的參天大志，只願彼此之間的相互理解，能讓高牆柔軟，雞蛋孵出小雞。別再讓雞蛋去衝撞高牆了，讓牆來護衛小雞吧！或者，讓長大的公雞母雞，帶著小雞們翻牆吧！

在許多人的幫助下，這本書終於誕生了！如果沒有那許許多多的機緣，我不會讀社會系，不會做教育研究，不會去補習班教書，不會在教書後回到研究所讀書，更不會動筆寫這本書。這本書是這些機緣累積下來，帶給我的聖誕禮物，同時，它也是我想送給台灣社會的聖誕禮物。

一個八歲小女孩寫信給《太陽報》，詢問編輯是否有聖誕老人，《太陽報》的回信裡說：「**沒人可以理解或想像這世界上，那些沒看過也看不見的奇蹟。**」（註一）這本書對我來說是個奇蹟，而等到你們拆禮物的時候，又會露出什麼樣的表情，有什麼樣的心得呢？我已經開始期待了哪！

感謝名單

煞有其事地打好這份感謝名單似乎有點太過造作，考慮再三後，我還是希望占用一點點頁面，好好地跟這些人說謝謝，希望編輯與讀者們能暫且容忍我的矯情。

感謝「奇異果出版社」，感謝劉定綱、廖之韻的邀約，感謝琇涵與品銓的辛苦幫忙，讓本書得以漂漂亮亮地出版。

感謝「謝逸民社會科團隊」，感謝我的師傅們謝逸民老師與徐偉老師，感謝王飛老師、沈揚老師、張良老師，程霖老師，廉捷老師，團隊成員間彼此無私的授課光碟、講義、題庫分享，還有剛開始練習教書時，每週觀摩老師們上課，大家給我的建議，讓我能站在講台上，把我想傳達的，用社會科教育傳達給學生。

感謝呂益準老師，主修社會學的我總是站在一個質疑體制的角度與你辯論，你卻願意放下你的固執與身為老師的驕傲包容我的偏見，解釋我的誤解，你對學生的用心與教學的熱情，讓我對體制內的教育又燃起了希望。

感謝我的碩士論文指導教授沈秀華老師，感謝謝國雄老師、陳瑞樺老師，感謝「清大社會所」，如果我碩士時不是進入清大社會所就讀，也許我不會有勇氣碰觸教育這個主題，也不會有勇氣花費兩年的時間，嘗試以社會科教育介入社會。清大社會所的社會關懷，已經深深地關懷我、影響我，我愛清大社會所。

感謝中山社會所的萬毓澤老師，我欠萬老師的恩情已經快跟海一樣深怎麼都還不完了！不管我有什麼樣的想法或者做出什麼樣的決定，萬老師都第一時間給我支持，信任我，願意花時間在我身上，而且在我懷疑自己的時候，一直鼓勵我，能認識萬老師真的太好了！

感謝台大社會系的藍佩嘉老師、賴曉黎老師，不論我在台大還是在清大，兩位老師都持續地給我許多支持與幫忙，每次遇到困難的時候可以跟老師們訴苦，好像又得到了前進的勇氣。

感謝汐止「名昇補習班」，感謝顏名秀主任、謝棨惟老師、潘嘉文老師、鄭子建老師。感謝土城「棟樑補習班」，感謝盈瑩主任、張宗哲主任、model 老師、怡瑩老師、互菲老師、婉瑜老師。感謝「鎮麟補習班」，感謝張宇音主任、吳宗嶽主任、趙光仁主任。感謝「鎮麟大安校」，感謝林志鋼主任、書婷老師。從我

第一年出來上課到現在，這幾間補習班一直非常地信任我，讓我有穩定的收入來源，還有非常多的空間可以發揮，也因此我有許多教學上的實踐都能在這幾間補習班嘗試。

感謝在這條路上不斷給我建議的主任們，尤其是從我還是輔導老師的時候起，就非常照顧我，目前在昊德補習班的陳培安主任，還有，每次飯局都給我好多建議的飛哥補習班鍾家鳴主任、天龍補習班鄭主任，你們給我的建議跟教導，我都有聽進去。

感謝我的學生們，你們的老師有點固執，有點故意，喜歡做一些奇怪的教學實驗，而且還不太在意你們很重視的成績。還好你們給我的回饋，讓我知道自己正在走的道路不是一條死巷。

感謝這本書的推薦人，感謝國立清華大學社會所副教授沈秀華、赫哲數學文理補習班暨華一文教機構創辦人沈赫哲、周雅淳老師、中華合一知見身心靈成長協會創辦人張含瑄、心理諮商師張瑋琪、心波力幸福書房攬和總監許赫、國立清華大學動力機械系教授彭明輝、國立台灣大學電機系副教授葉丙成、國立中山大學社會學系副教授萬毓澤、地理名師謝逸民老師、國立台灣大學社會系教授藍佩嘉、河堤國小校長嚴淑珠（註二），你們沒有義務閱讀我的作品，並提供你們的名字印在我的書封上，但你們還是這麼做了，我會記得，謝謝。

【註一】轉引自「故事：寫給所有人的歷史」網站：http://gushi.tw/archives/3866（2014/12/26）。

【註二】推薦人順序按照姓氏筆畫排列。

第一部分：真正的學習

也許老師與家長們還沒有意識到，他們正在把孩子教育成生產線上的罐頭。一個班級二十人以上的大規模生產，用官方課程強制灌輸知識，定期考試認證學習品質，產品——也就是學生們——被教育的輸送帶從一個工廠（學校）輸送到下一個，不適應競爭或不喜歡（官方認定的）課程的學生，在這個過程中慢慢被篩選、被淘汰。

現在的升學率已經高到連高職學生都要準備考科大的程度。好像只要在學校工廠裡被加工過，認證過，取得一個生產履歷，就可以自動被分配到社會上不同的位置，取得相應的工作。從頭到尾，學生只要順從就好，老師只要加工就好，家長只要付費就好，企業只要購買就好。這個體制的目的，從上游到下游，都只是為了「方便」。我們從來沒有想過，學生、老師也是有主動性的，家長、企業也是有教育責任的，學校不是萬能的。

使用一種便宜行事的生產線思維，只能生產出罐頭產品般的劣質工人，成為被挑選的對象，逃不過削價競爭的命運。

想要在人生中取得主動性，第一步，得先改變我們對於學習的看法。

我從來沒想過自己會成為一個補習班老師

我從來沒想過自己會成為一個補習班老師。

成為一個老師，跟許多人生命中的關鍵決策一樣，是一連串偶然的集合。一開始，教書是為了謀生。大學生討生活，最容易接觸到的就是補習班了！高中升大學的暑假，我人生中的第一份工作，就是在我以前補習的補習班打招生電話，從國小開始多年的補習經驗，補教業一直和我離得很近，很容易可以接觸到，台大學歷也讓補教業輕易為我敞開大門。

我第一份真正和教學有關的工作，是在一間非常小型的周老師家教班教八堂社會科考前衝刺。我記得我非常地緊張，第一天上課準備了台灣地理，把季風氣候的成因當做我的王牌，邊教還要邊偷瞄講義，花了許多時間帶學生練習講義上的題目，還有用螢光筆畫重點。現在回去看當時的我——我是在陪讀，不是在教書。我用我自己讀書的方法，把重點標示出來，簡單講解讓學生理解後，跟學生一起畫出關鍵字，然後請學生把這些內容背下來。這種作法，並沒有把課本上的知識咀嚼後，吐出來給學生，帶給學生的仍然是生硬的食材，還沒烹飪過，最多簡單加工成幾道沙拉，離滿漢大餐還很遠。

這種教學，只是複製課本上的知識，請學生囫圇吞下去。雖說學生與周老師都很滿意，現在的我卻覺得，是他們沒有見過真正會教的社會科老師！我拜師學藝後，才真正見到所謂的名師風範，我的師傅徐偉老師說，社會科老師如果要拿著講義上台，那麼他是個失敗的補習班老師。我的師傅們上台的時候，一定兩手空空，一支粉筆，一面黑板，就是他們縱橫天下的時候了。只有在講完要傳達給學生的內容後，才會拿起講義一起複習，或者看看地圖。

老師的工作其實很像是傳教士，課本像是聖經，不需要其他的東西，就可以開始教了，唯一需要具備的，是對於傳授的知識的熱忱。我曾經把學生拉到戶外上歷史課，連粉筆跟黑板都不需要，學生圍成一圈，我們就開始談啟蒙運動；黑板或電腦，都只是「工具」，不能讓他們喧賓奪主。

有的老師上課會準備非常多亮眼的投影片或影片，我有的時候也會這麼做，但千萬不要讓絢麗的聲光效果搶奪了你的風采。根據經驗，完全使用投影片的教學非常容易失敗，常常老師剛裝設好投影機，前排燈光一暗，後排的學生準備睡覺。這種教學方法不容易成功的原因在於「參與感」。如果把上課比喻為打仗，學生都是你的士兵，老師這個將士在前面喊著衝，粉筆像是指揮棒，往前往後，指揮若定，而投影片卻是背景音，士兵們對投影片沒有感情，只有搭配非常高超的演講技巧，才能長時間吸引學生的注意力。板書的第二個好處，就是學生可以抄筆記，老師寫到哪裡，學生抄到哪裡，學生的思路跟著課程在動，而動手抄筆記也能幫助記憶。投影片內容的設計，需要高超的技巧，有的老師在一頁投影片裡放入太多的內容，學生懶得動手，有的老師準備投影片的原因是懶得每次重講一遍就重寫一次板書，等而下之的，直接拿出版社附上的投影片教學，連備課都省去了。如果連老師都懶得動手抄，學生又怎麼會重視這種可以偷懶的學問呢？寫板書是一種宣示，「我現在寫的很重要，所以你們要跟我一起寫一遍，因為很重要，老師也願意跟著你們一起寫一遍。」

當我說老師的工作像傳教士，而課本是聖經，這只是個比喻，我的意思是老師對於所教授的知識需要有信仰，才會覺得自己做的事情是有價值的。這並不代表我們應該要求學生們把課本全部吞下去，背下來。很多人誤解「知識」，以為知識就是課本裡的字句，這是錯的。

而我一直到大學才認識到我曾經錯得多麼地離譜。

讓學習像呼吸一樣自然

上大學以前，我不太喜歡看書。我喜歡上課，尤其是國文課與社會課，記得國小第一次聽到高中要分文組和理組，有人告訴我，厲害的人要去理組，理組不用學社會，我那時有點失落；我想當厲害的人，可是我最喜歡的科目是社會。雖然我喜歡社會課，拿到課本總是迫不及待地翻閱，可是我討厭背誦，這也是我特別討厭英文的原因。

背誦是一個非常無聊、單調、缺乏創造力、浪費時間並且強暴腦袋的工作。可是我們的家長跟老師卻常常在逼我們「背」。他們要求我們背東西的說法，就像他們要求我們「讀書」的說法一樣：「**這沒有意義，但是沒有辦法，大家都這樣。**」這種說法也跟他們面對低薪、長工時、缺乏動力的工作一樣：「**這工作沒有意義，但是沒有辦法。**」這樣的教育與學習的方式，到底會教出什麼樣的學生呢？這些學生對於知識的看法又會是如何呢？

學習如此地有趣，如果從來沒有感受到知識的奇妙，就這樣離開了學校，暫時或永久錯過學習的樂趣，入寶山卻空手而歸，實在太可惜了。

背誦是必要的，卻不是學習的全部，我小時候討厭英文，因為英文離我實在太遙遠，太不實用，而那時記憶的文法觀念等，對我來說，完全沒有道理，只能靠強記來背下來，後來我的英文進步到一定程度後，我才慢慢欣賞這個科目。我發現，只要先「假裝」我很喜歡英文，每看到單字，自己跟自己做遊戲，拆解字根或造句，遇到漂亮的句型就稍微花點時間記下來，懂得東西多了，能用英文閱讀的文章多了，聽的演講多了，慢慢地，就真的覺得英文不再那麼討厭，甚至有點喜歡了！

可即使如此，英文完全只是個工具而已，社會科卻不是這樣。有的老師會創造一些口訣幫助記憶，以前曾有老師教我一個土地改革的口訣：「**三七仔在公有的田地上畫畫**」，剛好記得土地改革的政策：三七五減租、公地放領、耕者有其田。可是，如果缺乏背景知識，很快地，三七仔指的是什麼，公有什麼，田地指什麼，就算記得口訣，也未必記得真正該記的政策內容。

強記，是把知識當做外在對象，是需要對抗、打倒的敵人，並不屬於你。外在於你的東西，終會離你而去，甚至反過頭來支配你。許多學生在升上九年級或高三後，無法應付大量需記憶的知識，搞得一片混亂，本來七八年級成績好的，升學考試卻考得一塌糊塗，就源自於此。七八年級的段考範圍小，以社會科來說，史地公一次各考兩課，用背的還可以應付，等到九年級，第一次模擬考，範圍就是社會兩冊，史地公各六課，共有三十六課，還要應付九年級新課程，在這樣的狀況下，如果依靠強記，總有一天會完蛋。

如果換個方式來談土地改革呢？如果我們這麼說：「國民政府來到台灣後，最害怕的，就是共產黨在台灣興起，再一次鄉村包圍城市。那要怎麼避免這件事情發生呢？只要農民有土地，他們就不會想加入共產黨。所以，國民政府來台灣的第一件重要的事情，就是土地改革。可是當時的台灣是佃農為主呀，怎麼讓佃農取得土地呢？第一件事情，先減少地租，減輕負擔，所以政府規定地租不能高於百分之三十七點五，就是三七五減租，再來，想辦法把土地分給佃農，日本政府離開後，國家收回很多土地，就把這些公有地放領給農民，這就是公地放領，最後一步，才是徵收大地主多餘的土地，放領給農民，這就是耕者有其田，也就是讓耕種的人自己有自己的田。」說完這一套，學生會發現，他不需要特意去記，三七五減租、公地放領、耕者有其田就會自動存在腦海裡，同時，他還會記得這是國民政府來台灣第一個重要改革，記得台灣在這次改革後從佃農為主的社會成為自耕農為主的社會。如果學生更進一步地問，那大地主呢？我們就可以再提到：「當時政府用股票跟大地主換田，這些大地主都變成大商人，台灣第一批資本家就出現了，很多人說台灣的經濟發展是以農養工，就從這時候開始。」我們還可以拿這個經驗跟中國比較：「中共建國後，第一個做的政策是什麼你知道嗎？居然也是土地改革，只是，他們是共產主義，他們覺得地主不用工作也能收到大量租金，而農民辛苦工作卻很窮，實在太不公平了！所以他們批鬥大地主，把土地搶回來發給農民。」講到這，學生又學到共產主義與資本主義的對比了！

這就是我所說的，學習應該像呼吸一樣自然，自然而然就知道了，內化了，這才是真正的學到。這樣學到的東西，不只不容易忘記，甚至能成為未來學習其他東西的基礎。

並不是所有的學生都適合考試

一直到上大學以後，我才慢慢地了解到，過去引以為傲的學歷與成績，並不表示我真正在學習。

高中以前，所謂的「學習」，被定位在學校所教授的共同科目，不論是學科或術科，不論是國英數社自或體育美術音樂童軍，它們有個共同的特點——使用教科書教學，考試作為評量標準。

考試，是一個把所有人的學習成就使用數字量化表現的方式，基本上，它是個能評價學習成果的簡單方式，也被台灣人接受為教育體系的「遊戲規則」。我們以為它是「公平」的，但教育社會學會告訴我們不是。

包括學科的挑選，或是評量題目的選擇，評量項目的選擇，都在進行篩選的工作，對某些類型的人有利。簡單舉例，一個從小使用原住民語的學生，在國文這個科目需花費更多的心力。從小生活在鄉間的小孩，對於英文很容易感到畏懼。如果以吊單槓或打陀螺來打體育成績，我大概永遠不會及格。我們使用一套自以為公平的規則，把各式各樣的學生塞進來，要求所有人在跑道上奔跑，而無視於大家的起跑點不同，奔跑的道路也不同，有的人跑的是平坦的康莊大道，有的人的求學之路卻狹窄又佈滿荊棘。

考試，對老師來說比較「簡單」，也不容易起爭議。出完考題，使用讀卡機，給予標準答案，成績就出來了。考試未必適合每一個學生，但考試適合大班教學以及官方課程。第一，它夠快，第二，官方課程有一定的課程大綱，不管在台灣的哪個地方，都要教同樣的東西，而段考或模考能確保老師們的教學萬變不離其宗。量化的考試方式，能夠確認「基本能力」！

但是，考試也有一些盲點，首先，它讓所有人為了一兩分斤斤計較，而誇大了學習成就的差距。比如考九十五分跟一百分的同學，把他們丟到大學，要求他們使用所學進行研究，他們之間未必有二十分之一（5/100）的差距。其次，也是最危險的，考試把屬於「人」的所有特質都壓縮為扁平的數字，似乎其他的特質都不重要了！一個豐富的人只剩下一個可數量化的、刻板的面向，學生的在校成績被用來衡量教師的教學成就，或者被用來衡量家庭教育的成果。過於激烈的升學競爭，又消耗學生過多的心力，讓學生疲於奔命，無法從事具有創造性的活動，發揮學子真正有天分之處。

想想，有多少學生的音樂才藝、舞蹈才藝，在升學競爭下被犧牲了？

我曾經教過一個舞團，這個舞團之所以需要額外的教育資源，乃因他們的表演者，為了巡迴演出，常常需要跟學校請假，沒辦法跟上學校的進度，甚至連補救教學的進度都常常被耽擱。我曾為了升學問題很擔心地問過國三的學生：「**你們以後要做什麼？**」她們的回答使我訝異——「**繼續跳舞呀！**」然後露出疑惑的表情，彷彿我問了一個奇怪的問題。是呀！繼續跳舞，他們不正是如此地在前進著嗎？

他們已經立定了志向，而順著教育體系走來的我，卻古板地認為，得先完成學業，才是工作或志向的開展。根本不是這麼一回事！一個舞者最精華的學習階段，就是我們的學校要求他們坐在教室裡，每天記憶英文單字、解答數學問題、背誦成語或課文的那一段時間，而這真的是他們需要的嗎？他們放棄了學校裡這些時間，全世界跑透透，登上花博或其他更大的舞台，他們早就拋下了他們的老師（包括我），而我還要從後面拉著他們，叫他們回來背單字！

學習，不只是為了工作。根據牛津字典的解釋，education 這個字最初的意義是「**養育孩子成人的過程**」，這個過程包括養成成年人需要的社會階級與社會地位、規矩與習慣。但我們卻常常將學校誤認為職業訓練所，而忽略了有許多的職業不需要系統性的理論教育，而更重視手把手的練習。在這樣的情況下，學校真正該教的是常識，還有未來能持續學習的技能，比如資訊蒐集的能力。

可是我們卻花太多的心力在不必要的背誦與一分兩分的評價，學校體系存在以後，反而半獨立於其他的社會體系之外，開始以持續輔導學生升學、考核、認證為主。如果我們無法體認到，學校也只是一個幫助學生成長的工具，文憑與工作也只是工具，而不是目的，那麼我們就無法真正地體認到，人的存在與成長本身才是我們來到這世界上最重要的目的，學習與教育都只是一個過程。

斤斤計較的這兩分，是第一名與第二名的差別，卻不是跳舞與不跳舞的差別。如果我們的學校只有考試成績這一套標準，這些舞蹈家們，也許永遠也無法成為舞蹈家！

背誦不是真正的學習

記得剛上碩士班時，我面臨極大的不安與焦慮，原因詭異地來自於——我不知道我為什麼在這裡？

很奇怪吧！當年我為了要報考社會學研究所，毅然決然地退掉已經報名的企管所補習班，跟媽媽千拜託萬拜託，才稍微得到家裡的支持。第一次搬離台北，離開家庭的保護，到異鄉求學，可是，我真的上了碩士班以後，卻不知道自己為什麼會在這裡？

之所以會有這個疑惑，乃是因為我脫離了那個比較、競爭與排名的環境。碩士班雖然也有共同必修課，也有很重的學業壓力，可是不再有期中考、不再有書卷獎，不再每個學期去檢查班級排名，反而是，從一年級開始，系上的老師們鼓勵學生們朝著自己有興趣的次領域發展，並且希望我們儘早開始思考研究題目。真正脫離了排名與積分遊戲後，我反而迷失了方向，彷彿迷航的班機，只能在廣闊的知識天空上方盤旋，繞呀繞。

高中以前的學校時間表安排，讓人有穩定而直線前進的時間感。開學後六週段考，三次段考後放假，每次段考的範圍都是可以預期的。每一年的時間也是可以規劃的，早上七點半上學，下午四點放學，回家後做功課、吃飯、讀書、洗澡、睡覺，隔天早上七點半上學。這樣確切的數字，讓我們可以把時間與課業切成零碎的片段，每天完成一點點，時間到了，不管成果如何，都會有個結束，考完、畢業。在這樣的體制訓練下，我們把時間也數量化了。

我們開始覺得，學業過程像是往前行駛的火車，既然上了車，就該有個目的地，而我們可以決定哪一站上車，哪一站下車。我們眼中看到的是終點，是文憑，是目的，而忽略了真正的旅途是在過程，真正的累積在過程。火車可能會拋錨，可能會轉向，我們也可以隨時跳車，或休息，或同時搭上不同班次的車，而不論我們上車或下車，只要列車有在行駛，我們就移動、累積、改變、成長、學習，不代表我們一定得在某一站下車，拿到乘車證明，才代表我們學到東西。

眼中只看到目的而忽略了過程，一個不小心，會犯蒐集癖，不斷蒐集乘車證明——文憑、證照、獎狀，好像蒐集得越多，就越能證明什麼。我們像是工廠裡的罐頭，打上越多認證標籤，就越覺得自己是塊好材料。當我們這麼做的時候，我們眼中看到的不是知識，而是為了通過認證而必備的標準，我們看著那些客觀標準，就像馬兒看著眼前的紅蘿蔔。

有多少人離開了學校，從此就離開了書本？有多少年輕學子不敢「浪費」一點時間在課外書籍？學習被學校教育壟斷，被文憑壟斷，好像只有學校才能教育，只有官方核可的教科書才叫做知識？

這不是真正的學習。真正的學習應隨時保持豐沛的興趣，不斷地會有想知道得更多的渴望。高中以前，我身上不帶教科書或參考書以外的書籍，課外書被稱為「閒書」，這種說法，便是要我們把學習當做「工作」，只在它有回報（成績）的時候才去做，讀課外書或做其他事情，就是休閒。這種類似於資本主義底下工廠時間的劃分，會有類似於資本主義工廠制度的異化結果，讓學生在心理將學習與生活分離，好像只有在學習以外的時間，才能做真正的自己，而待在學校的時間，只是為了得到文憑而付出的成本，不屬於自己，而屬於老師、家長、國家或其他強迫我們待在學校裡面的社會價值觀。

可是學習不該是這樣的！

我一直到大學時代才慢慢懂得。第一次，我可以自由修課，而社會科學的訓練並不強調以考試制度來考核，我們比較重視產出，所以大部分的科目都得要寫報告。這個時候開始，我像是游入海裡的魚，看到什麼可口就咬咬看，吃吃看，有的時候為了了解一個議題，得要練習蒐集資訊與篩選資訊的能力，我得練習查資料、做筆記，把不同的資訊整合，並進行分析的能力。久而久之，我在生活中只要遇到想了解的事物，小到保養品要用什麼品牌，大到金融危機，我會自動自發地留心問題所在，並在可及的範圍內蒐集資訊。我開始廣泛閱讀，定期上書店，泡在圖書館，我開始寫日記，做摘要，並且與同儕「對話」。

我現在了解到，這才是真正的學習，它是主動的、沒有標準答案的，而且是可以不斷挖掘深入而累積的。過去的學習方式，則是被動、有標準答案，並且片段的。

我大學主修的學科是社會學，而我的輔系學位拿的是經濟學，同時，我在大學時代選修多門政治學、歷史、文學類課程。漸漸地，我抓到學習這類科目的訣竅，其實非常類似，都是摘要、筆記、對話。摘要是為了確定論證，也為了留下記錄，供未來查閱。筆記則是為了釐清自己的想法。對話，則是深化的與擴大知識可能性，並與同儕共享知識之樂。在這個過程中我也才了解到，以前小時候讀過的東西原來有這樣的用處，並且發現不同學科之間的相通之處。這也才發現，以前拿到課本，就拿出一支尺、一支筆，畫重點背誦的方式，反而是切割了學問，而沒有從整體的角度來看待社會科學。

知識也需要除魅（註一）

在現有的體制下，學習是一件苦差事。學習當然很苦，讀到博士班，我更覺得學習很苦，它既孤單又沉悶。可我總覺得，學習不該被當做一件差事。

一般說來，差事指的是能掙錢的事情，而學習本身不能掙錢，而是學習以後得到的東西才能掙錢，比如創意，比如資訊運用的能力，所以學習本身不是一份「工作」，學習是花錢的，它是消費，或稱之對未來的投資。

當我們用「差事」的觀點來看學習，為了「回本」，只得盡量壓低成本，用低廉而簡便的方式壓縮知識。以前待過人本教育基金會，現在是專職家教老師韓老師告訴我，她很怕遇到某個連鎖數學班體系出來的小朋友，他們會直接跟他說：「你不要告訴我為什麼，只要告訴我怎麼做就好了。」他們有些口訣，比如看到「的」就是乘，看到「是」就是等於，連數學這種側重思考的學門，都被壓縮成背科，養成用背的方法來做數學題目的習慣後，小朋友到六年級，碰到應用題，公式不夠套用的時候，送到韓老師那裡，這時，光要改正學生用背的習慣，要求學生思考加、減、乘、除的意思，就要花上許多時間。

這就是我們求快，要求學生大量、快速做題目的後遺症。

就好像在公司裡，為了拚績效，衝業績，把工作隨便做一做，反正有做完就好，或者專搶低成本或代工的工作來做，薄利多銷或cost-down，都比產業升級來得「無痛」產出。可是，好公司都知道，只看業績量而不問品質的操作方式，久而久之，會毀掉一間公司的成長能力與創意。台灣人短視近利的特色，不論在產業界，或者在教育界，都是一樣的。

家教的時候，我也曾碰過那種每天給子女一張考卷，光測驗卷就像小山一樣多的家長，所以我還算了解這些人的想法。他們覺得，只要不斷不斷地重複，久而久之學生就會記下來了，不會也沒關係，背下來就好！所以，重複越多次，題目做得越多，能記下的東西就會越多，學生的成績就會越好。這種作法實在太瞧不起知識，太瞧不起老師，也太瞧不起自己的小孩了！這種作法從根本上覺得測驗卷就能當老師，而小孩可以當機器來操作，知識根本不重要，記下來就好。

沒有經過消化與吸收的考題式複習，就像要求你翻開電話簿就把每個人的號碼背下來一樣，這些東西就算短時間內透過不斷地重複而被記下來了，也只是零碎的數字，對個人一點幫助也沒有。過去，在沒有手機的年代，常用的號碼還需要記一記，現在，在這種資訊可以隨時上傳下載的時代，幾乎沒有人在記電話號碼了。這就是重點。以前，在資訊流通不方便的時代，記得越多，也許還有些用處，現在，有什麼不會的就立刻上網孤狗，或者在知識家留言，既然這些資訊可以如此輕易地取得，我們還背它們幹嘛呢？真正重要的，根本不是那些專有名詞，而是能理解這些專有名詞背後的道理，那才是真正的知識呀！而且，弔詭的是，使用思考式學習下來的知識，反而記得牢。

要改掉「背誦式」學習，改用「思考式」學習的先決條件，就是把知識除魅化。除魅化是社會學的一種術語，大概的意思是，過去，我們會用宗教或者超自然解釋的事物，現在卻因理性化與科學的發展，而被消除了神祕色彩。科學已經快要成為現代的宗教了！不管什麼樣困難的議題，我們都覺得能找到科學的解釋，或者，如果科學仍然無法解釋，人們也相信未來科學一定可以解釋。在這樣的集體心態下，知識被認為是神聖而偉大的事物，被知識壓迫，或者讀不完、讀不懂，是正常的現象，太容易學會的東西，我們反而會對之抱持著輕視的態度。

因為對於知識抱持著這種不理性的崇敬態度，掌握知識的人，似乎掌握了我們難以理解的密碼，連帶著也沾染上這種神祕的因素。對於知識豐富的人，我們總是特別崇拜。「**老師什麼都會**」，「**老師絕對不會錯**」，這種心態大概多少也帶有這樣的原因在吧。從小到大，有多少次，我們在課堂上睡著，或在課本上畫畫，就希望能讓時間快點過去，但我們不會去質疑老師們為什麼教這些我們聽不懂的東西給學生——老師講的東西聽不懂是正常的，因為那是神祕而高深的知識呀——然後，不會的東西還是不會，在心裡，把知識跟自己遠遠隔開，讓知識成為可遠觀而不可褻玩的高深學問，對於知識與有知識的人都抱持著敬畏的態度。這樣的一種想法與作法，真的叫做學習嗎？

我認為不該是這樣的。

我就是那種從小敬畏知識的小孩。我的父母，只有高職或五專學歷，在他們那個年代，從農村出來的媽媽，或從市場出來的爸爸，想要求得好的教育幾乎是不可能的，所以他們非常渴求也非常敬畏高等教育。我一歲八個月就進托兒所，小學二年級就上補習班，從小到大學過的才藝，大概可以用兩隻手來數。可是我的父母幾乎沒有想過要親自教我，一方面，壓力太大，我媽媽在我還沒上補習班前，每天盯著我寫作業，棍子就放在旁邊，字寫得不好看會被揍的，所以我常常邊寫功課邊哭。另一方面，是真的怕自己教錯，以前我媽媽為了注音符號「ㄥ」

的唸法到底是不是「翁」而感到困惑，尤其在教改後，建構式數學或者破音字的讀法都有許多的改變，除非父母能跟孩子一起重頭學過，否則，要掌握這些知識對於家長來說實在太辛苦了！在這樣的狀況下，父母會把小孩送給補習班來教導，尋求專業，補習教育的蓬勃發展，其來有自。

這樣的家庭背景之下，我的父母，和其他許多中下階層出身的父母一樣，有一種隱藏的階級傷痕，尤其，在於「教育」的這一塊。這種遺憾是難以言明也難以指認，卻對教養下一代的行為有決定性的影響力。自小，我媽媽就對於我的成績十分要求，要求到考到第幾名打幾下的地步，或者，會說出：「**妳怎麼玩都沒關係，把成績考出來就好。**」這樣的話，讓我在很長的時間裡一直誤以為，我媽媽只愛我的成績。因為只有成績能讓媽媽開心，我一直很努力地維持我的好成績，也順利地，從偏僻的台北市公立國中考上北一女中，第一天搭公車上學時，真的有鄉下人進城的感覺。

由於出身的關係，不論讀到多麼好的學校，總覺得自己像是哈利波特小說裡，誤入霍格華茲的爆竹，尤其看到同學們不是從小就跟英文家教學英文對話，就是出國遊學，這種感受更是明顯。我總覺得自己不夠格，懂得不夠多，而我的無能與無知似乎隨時會被揭露出來。這種違合感對於我後來走向教育與階級研究，有非常大的影響力，而且，我觀察我的同學，這並不是只有我特有的症頭。

在這樣的狀況之下，知識的殿堂對我來說，一直有遙不可及的感受。這種感受，直接導致我在大學升碩士班的階段，甄試台大與清大社會所的面試，都不可能有好的表現——因為我根本不敢開口讓老師們知道我到底懂什麼。

太過於自卑，覺得自己懂得太少，開口講這些一定講錯，老師們會把我揪出來。或者，在上碩士班的第一年，每每要提問或發言，都要反覆思考再三，提問後，還會去問同學或老師：**「這是一個好問題嗎？」**還好，我進入清大社會所就讀。

清大社會所是一個非常關心學生，以學生為主體的學系，我們的老師們在學生們身上所花的心力，絕不只在課堂上而已。當我一次兩次跟所上陳瑞樺老師詢問：「**老師我剛剛問的是好問題嗎？**」老師有一次正色地跟我說：「你為什麼會有這樣的疑問？只要有困惑就可以拿出來討論，無所謂是不是好問題。」我們所上從一年級進入二年級暑假，會有一個考核，系上老師會針對每個學生的狀況開會討論，最後寫出一個意見表。當時，有老師提出「**高子壹似乎不太有自信**」，而我的指導老師沈秀華老師立刻寫信給我，跟我見面，然後問我關於學習的狀況，我許多進入知識象牙塔的困惑與恐懼，就在這次暴發出來，我哭了。秀華老師抱著我跟我說：「**這些其實沒什麼大不了。**」

在這種健康的師生互動下，我對於知識的恐懼與疏離感也慢慢地放下。漸漸地，我敢在會議中發言而不管自己講得好不好。我也放下了以前總覺得要成為一個專業人士，得要懂得很多很多的東西，一定不能被問倒。結果給自己帶來許多沒有必要的壓力，而且，知識的領域如此廣大，到底要追尋到什麼樣的程度，才算是專業呢？這些沒完沒了的壓力，沒完沒了的進度，讓我只能不斷地往前，卻無法停留下來好好檢視與運用自己已經學會的東西。

在清大社會所的三年，放下了這些對於知識的崇拜，還有知識分子的傲慢後，我才能真正「使用」知識，用他們來討論與我自己切身相關的議題。我的碩士論文《在「家」與「教」之間：家教關係中的劃界與再生產》，就是從我的家教經驗出發，後來得到「二〇一一年優秀社會學碩士論文獎」肯定的這份論文，對我的人生也非常地重要，它重新疏理了我自己過去的受教育經驗，開始可以從比較客觀的角度來看我自己、我的家長、我的老師還有我的同儕們，到底處在一個什麼樣的教育環境之下。解答了我過去許多對於教育與人生的困惑。說來慚愧，在我的國高中階段，曾經好幾次，為了成績想要自殘，那種鑽牛角尖的經驗，現在想來還是很痛苦。而這份研究的進行與書寫的過程，讓我更理解台灣的教育制度與台灣社會之間的關係，因此更能同理地理解，理解父母，理解升學壓力，理解過去那個無助的自己。

另一方面，在我碩一的時候，社會系的學生響應由於陳雲林來台的維安過當事件，而引發的「野草莓學運」。在參與運動的過程中，為了判斷自己的行為到底合不合裡，是否有正當性，又要如何與觀點不同的人互相溝通，我大量地書寫。投書到報紙，或製作網宣，或寫日記，這些書寫的行動逼迫我用簡單的話，而不是專業的術語堆砌，來說明自己的行動。大量對話的過程中，我認識到，知識是拿來用的，不能使用的知識對個人根本一點意義也沒有。同時我也認識到，我們以前學的社會科有多麼地重要，不論是歷史地理或公民，社會科讓我們與土地，與他人，與國家民族之間產生連結感，也提供社會行動所需的知識武器。馬克思說過：「**理論只要說服人，就能掌握群眾，而知識只要徹底，就能說服人。**」從這一刻開始，我不再把理論知識高掛牆上，或鎖在象牙塔裡，我開始重視所謂的

「轉譯」，渴望一種新的教與學之間的關係，渴望一種社會科學式的社會科教育。

為什麼這些東西我這麼晚才知道呢？每每想到這裡，就覺得扼腕。想到許多學生把社會科視為背科，或者很好睡的學科，就會覺得很可惜。如果可以早一點知道就好了！如果可以早點用這種具有思考力的方式來學社會科就好了！如果可以，在學校體系確切的時間表內，仍然保持累積而持續性的學習觀點就好了！如果可以讓學生早點發現學習就是生活的一部分，而不是該被打倒的敵人就好了！如果可以，早點讓知識除魅，用一種更平等對待的方式來看到知識就好了！

帶著這樣的想法，我投入社會科教育工作。我相信學生們對於這樣具有思考性的知識的需求是很大的。以前，我教學生公民的時候，講到台灣憲法的混合制反而讓總統不受監督，學生已經非常有興趣，甚至下課後會跑來跟我說：「**老師妳講這個雖然很有趣，但也讓我有點難過。**」太陽花學運爆發以後，教到憲法的這個部分，學生都專心聆聽，他們的眼神露出：這不只是考試會考的東西，這是跟我們切身相關的生活！是呀！社會科就是生活。

以前有個大文豪韓愈，他曾說，學到不會的東西就先背下來，以後慢慢咀嚼，有一天突然就會通了。我認為他說的沒有錯，但那是唐朝的學習方式了。在知識爆炸的時代，人的腦力有限，時間與精力有限，如果可以讓知識在學的過程中，已經自動記下來，又能把這些知識拿來利用，拿來理解自己的處境，並指導自己的行動，那不是更好嗎？這個社會所需要的，已經不再是記憶的能力，或不斷重複單調無趣工作的毅力，這樣的人，遲早會被電腦或機器取代，真正無法被取代的，反而是思考的能力，而這正是本書的主旨。

比起教小孩如何成功，不如教小孩如何思考「何謂成功」。曾在網路上看過一篇文章，一個功成名就的主治醫生，有了家庭，有了孩子，有人人欣羨的事業，人到中年，卻抱怨人生沒有意義。順著社會的期待，或者過去被認為成功的途徑來走，不保證未來的成功，更不保證幸福與意義感。我們不需要每個孩子都成為郭台銘、李遠哲、王建民，真正的教育，也許關鍵在於如何讓小孩學習一種能力，一種能在任何困難的環境下，都能適應，並積極開創可能性的能力，一種「不被打敗」的能力。而本書認為，關鍵就在於——思考與實踐。

什麼樣的學習才是真正的學習

電影《救救菜英文》描述一個印度傳統婦女莎希因為英文不好，在家得不到丈夫女兒的尊重，為了幫姪女操辦婚禮隻身前往紐約，又被美國人嘲笑，因此發奮參加四週英文班，進步神速的故事。

一開始看到那個英文班的廣告：**四週內學會講英文**，所有人的反應應該都跟莎希的姪女一樣吧：「**怎麼可能？**」可是它真的可能，這四週內，暫時脫離家庭的莎希突然成為學習天才，看新聞學英文，看影集學英文，餐廳點餐學英文，並在電影的最後做了一席短講，滿場掌聲。

這樣的進步怎麼可能呢？如果莎希真的有學語言的天分，為何以前在印度的時候卻沒有發揮出來呢？我不是拿電影來唬弄，不知道你有沒有注意到，莎希本來就有英文基礎，只是無法將它們組織在一起，出國只是一個契機——環境，還有自信。

莎希以前的英文不好，不是因為她真的學不好，而是因為她用不到。好像是這樣的，不是進入學校就是學習，不是拿著一本書就是學習，而是在一個契機之下，突然讓學習滲透到生活裡了，這時處處都是學習的場所，看電影是，看新聞是，看影集也是。

我第一次自助旅行英語系國家時，連點餐的日常對話都有困難，我所拿到的英檢證書似乎一點用處都沒有。我也學了二十幾年的英文了，我真的有「學」嗎？英文考試拿一百分似乎無法保障我在國外的應對能拿一百分。我沒有「學」嗎？

那我大概也無法順利成行了，是吧？

所以，到底什麼樣的學習才是真正的學習？如果不是學校，不是文憑，不是考試，那我們到底該怎麼定義學習？沒有學校就不能學習了嗎？那我們想要的，到底是文憑，還是學習？我們想擁有的，是知識的光環，還是學習的能力？

這不是個容易的問題，但也許，會是本書的起點。

如果我們照著社會告訴我們的價值來走，我們將陷在想當然耳的世界裡。為什麼要讀書？為什麼要文憑？為什麼要考試？為什麼要上學？我們似乎沒有認真思考過這些問題，我們做這些事，只是因為大家都這樣做。我們要考上好高中、好大學，獲得好工作，因為大家都這樣來評價你。這些問題如此地主導我們的生涯，可是我們卻從來沒有質疑過他們，就像跑在轉輪裡的老鼠一樣，只知道在軌道上拚命地向前跑，陷入無意義的比較裡，永遠找不到出路。然後，我們會開始羨慕別人，為什麼別人可以唸到第一志願，為什麼我只有第二志願？為什麼別人可以出國讀書，為什麼我只能當土博士？為什麼別人可以月入十萬，我只能拿22K？

更糟的是，我們會開始否定自己，永遠在夢想自己得不到的，而看不見自己的處境與結構的限制。膨脹自己，以為**「只要努力，什麼都可以做得到」**；反過來說，只要自己做不到，就過度地責備自己，**「如果我做不到，一定是因為我不夠努力」**。

可是，我們從來沒有問過自己：**「你喜歡學習嗎？學習能讓你快樂嗎？除了成績和文憑以外，學習讓我獲得了什麼？」**急於蒐集文憑與證書，讓官方認證的知識定義我們，就像急於購買官方認證的「好東西」來證明自己值得。莎希在電影裡說：**「當你不愛自己時，新的生活看起來總是比較好。但那不是真的。等你學會愛自己，平凡的生活中也能出現嶄新的體悟。」**如果學習的目的不是從自身出發，而是從外在的價值評價出發，那麼我們永遠是等待被定義的對象，而不是真正掌握學習的主體，我們將永遠學不會如何接受自己，愛自己。

就好像我從來沒有想過自己會成為一個補習班老師，我也還在學習——學習跟學生溝通，學習對自己傳授的知識有熱情，學習理解式學習能讓學習像呼吸一樣自然，學習讓知識除魅並應用在生活中，而不是把知識當作我需要打倒的敵人。學習並不是所有的學生都適合考試，學習背誦不是最好的方式，學習放下我對於文憑的搜集癖，學習老師有不會的東西是正常的，學習看到階級傷痕並更能接納自己的求學生涯。

離開那套功績主義式的體制後，我才發現，學習不再是為了得到什麼立即的「利益」。我很開心地發現，當我的生活中遇到了甚麼樣的困難，我過去受的教育，能引導我「如何面對困境？如何思考問題？」當我不知道該如何選擇的時候，我過去受的教育，能幫助我「如何獲得更多的資訊？如何評估現象？」

對現在的我來說，受教育最重要的，就是幫助我更了解「我是誰？」，了解自己的處境，了解自己在社會中的位置，了解我可能達到的目標，而且知道，要怎麼達到它。更重要的是，學習讓我看到自己與他人的連結，讓我了解到，自己從來不是孤獨地面對世界。也許蘇格拉底早就已經道破學習的秘密：認識你自己。

歡迎翻開《別被教育打敗》，本書的第一份思考作業是：對你來說，什麼才是真正的學習呢？

【註一】社會學家韋伯（Weber）使用這個名詞表達傳統社會到現代社會的理性化轉型，以前為宗教所掌握的部分漸漸顯露出世俗色彩。過去，宗教作為權威，掌握社會生活的解釋權，所以韋伯認為，從傳統過渡到現代，必須去除許多帶有宗教色彩的神話，像是君權神授之類的觀點。可是，理性化的當代，宗教權威的介入已經相當淡薄，科學知識卻漸漸成為另一種難以質疑的權威。這就是為什麼作者在這裡會用除魅的觀點來談論知識的原因。過去，要被去除的「魅」是宗教，現在，要被重新審視的「魅」是科學知識。

第二部分：適當的教育

小時候，我的爸爸媽媽只要知道有哪些上得不錯的才藝課程，就迫不及待地帶我去參加，跳舞、畫畫、珠算、鋼琴、兒美……小朋友該學的才藝我大概都接觸過了，可惜我沒被教育成一個舞蹈家或音樂家，從幼稚園學兒童美語學到國小三年級，我居然連 you 都不會拼，鋼琴大概只到能分辨 C 大調 DoReMi 的程度。其實我參加這些才藝課程，大部分的時間都是去玩的。我不知道我的爸爸媽媽在付出這些昂貴的才藝班費用時是怎麼想的，他們似乎覺得，即使是去玩的也好，只要能學到一點有用的東西，那大把大把的鈔票就花得值得了吧！

在我做碩士論文的過程中，常常聽到家長感嘆，自己過去「欠栽培」，所以現在能給孩子的就盡量提供給孩子，不要讓孩子長大後有遺憾。說實話，不論是我的父母，或我的受訪者們，都有一種深怕「教育不足」的恐懼。我曾聽過一種教育觀點認為，小朋友是一顆顆的種子，他們未來可能是黃豆、綠豆、樟樹、柏樹，只是我們不知道，所以要盡量讓小朋友嘗試各種各樣的可能性，並灌溉他們。跟我介紹這種觀點的朋友下了一個神來一筆的結論說：「所以小朋友就一直很焦慮，我到底是黃豆還是綠豆？我不知道呀！」

結果，不只是父母焦慮自己給的教育資源不夠，連學生都焦慮自己所受的教育不足，整個社會變成一個渴望教育的社會，不論學到了多少，永遠覺得自己學得不夠。我認為，這種焦慮是一種社會的產物，父母與學生都被未知的「缺乏教育」的風險恐嚇了。

台大社會系的賴曉黎老師曾經評論過「孩子有無限的可能」這句話，他說：「根據社會學的觀點，這句話本身就是不可能的，孩子要有無限的可能，前提是父母要有無限的資源，怎麼可能？光是『時間』就是有限的。」

我的父母即使給了我這麼多的資源，我卻沒有好好鑽研的時間與興趣，導致我什麼才藝都不精，現在也沒有一個留下來繼續發展的專業興趣。長大後，反而是我自己找了吉他老師，練了兩年的吉他。現在想想，當時那些才藝班的錢砸在我身上，也不知道浪費了多少。或許，那些支出，培養的不是我的才藝，而是父母的教育焦慮。

我認為，這些焦慮可以緩緩了，與其花這麼多的金錢把小孩丟給才藝班，不如多花點時間來陪陪小孩吧！如果小孩真的展現出非常特殊的才能，專業的訓練有其必要，如果沒有，也許我們能更信任孩子一點，可以的話，培養孩子「自學」的能力，在孩子主動要求的時候給予支持，其他的，就緩緩吧！教育，剛好就好。

萬用讀書法——抓重點、做筆記

我真正會踏入補教業教書，跟我第二份與教書相關的打工有關。大三的時候，我開始在台北車站林冠傑補習班打工，擔任英文與社會科解題老師。解題是非常適合新手老師的工作，大量的考題洗禮，不斷重複的講解，能在短時間內磨練教學能力。一方面，可以知道課程重點在哪裡，另一方面，可以知道如何在短時間內讓學生理解，解題時間長了，更可以慢慢練習「用自己的方式」來說明課程內容。

我從開始教書後才慢慢領悟到，原來「重複」與「說明」就是思考式學習的起點。

解題老師的經驗幫助我累積了初步的技巧。有的時候，一份考卷給學生問問題的時間只有十五分鐘，有的時候，卻有兩三個小時，完全看今天要問問題的學生人數多寡，還有排班老師多寡而定。由於時間有時長有時短，必須盡量在時間內講給學生了解，慢慢地，老師們會累積說明與分析的能力，讓講解可長可短、可深可淺，完全視學生的需要而定。理解力強，程度好的學生便教多些，學得辛苦的學生就給最基本的練習。

在這個工作中，我重新組織了許多英文與社會科的觀念，並抓到一些教學的技巧。我慢慢發現，不論是哪個學科，如果能抓到這門課的「骨幹」，將會輕鬆許多。

以英文科來說，台灣的英文教育，最重視的是文法觀念，擔任解題老師的幾年裡，我慢慢抓到一套文法教學的公式，從最簡單的現代簡單式出發，教學生認識主詞、動詞、受詞，然後玩動詞的變化——過去式、現在進行式、現在完成式等等——這套基本的規則掌握後，就把這些「秘技」拿去拆解句子，拆解段落，拆解課文，久而久之，英文就不再那麼難以親近了。

學生對於英文的恐懼，很大一部分來自於不理解。這就好像被迫玩一場遊戲，卻連規則都搞不清楚，又怎麼能樂在其中呢？如果能降低這種不理解造成的畏懼，讓學生有安定感，有一種「**老師會告訴我要怎麼辦**」的信賴感，學生就能慢慢掌握規則。有時候，我會先把課本放在一邊，從最簡單三個英文單字的句子開始慢慢講，等學生吸收後，再加入形容詞、副詞的概念，或者套用更複雜的文法變化。只要學生有一種「原來如此」的領悟，能夠了解到英文並不是漫無規則的無法理解的外星語言，就會慢慢地有心學習。

我的第一份家教工作，就是在擔任解題老師後，經由家教社介紹，為一位七年級升八年級的男孩進行英文家教工作。當時我使用這樣的教學方法，在兩個月內，讓這位男孩的文法題從幾乎全錯到幾乎全對，成績大幅進步，學生也有了信心，可以說是初出茅廬便大獲全勝的經驗，也為我後來長期的家教工作開了個很好的起頭。

升上碩士後，為了更有效率的閱讀，我曾經到處詢問師長們讀書的方法，賴曉黎老師讓我去讀《如何閱讀一本書》，這是一本超過半世紀的國內外長銷書，內容非常地實用而完整。當我看到分析閱讀最基本的功夫——抓到論述的骨幹時，我深深地感謝過去的自己曾下過的苦工。

甫拿到一本書，你會做的第一件事情是什麼呢？有些學生拿到教科書的第一件事情，是去翻美麗的插圖，如果有漫畫，一定第一個看完，有些學生會去看看書的厚薄度還有課程內容的多寡。其實最好的習慣，是先看看目錄。

一本書一定有目錄，就像一棵樹，會有枝葉也會有根莖，就中學教育官方知識而言，課程大綱就像是根莖，而每一冊課本是根莖延伸的枝葉，要在繁重的課業當中不致迷航，最好能抓住這些枝葉的脈絡。以我比較熟悉的社會科為例，通常，歷史科的編排會是台灣史、中國史、世界史，地理科的編排是通論（自然地理與人文地理）、台灣地理、中國地理、世界地理，而公民科的編排會是社會學、政治學、法學、經濟學，也許國中高中的課程順序會有更動，但大部分需要學的就是這幾大塊，這就是枝葉。

除了枝葉之外，就像葉子會有葉脈，課程也會有跡可尋。每一冊，一定有必須學習的重點，而課文的內容，也會有重要與不重要之分。很多學生學習社會科的方法，是拿著一支尺，一支筆，開始畫摘要，遇到重要的關鍵字就用螢光筆標示出來。這種讀書方式不是不好，尤其，在現今的教育環境下，考社會科的方式往往是聽考，或是小範圍的測驗卷，在這些考試中，畫摘要與關鍵字就可以應付。但是，如果遇到範圍比較大的大考的時候，這種方法往往會使得學生捉襟見肘。因為，這些畫出來的摘要並沒有經過分類。

真正好的摘要，是會經過篩選的，有些是重要的，有些不是，有些是骨幹，有些是血肉，有些只是枝微末節的指甲片或毛髮而已。所以，真正的摘要，應該要有層次。從整本課本當中，先抓到幾個大塊的分類與重點，再從這些分類中找到中間層次的論述，最後再從中間層次的論述中，抓到必須學會的關鍵概念。舉例而言，以公民政治學為例，國家分類、民主制度、中央政府、地方政府、均權制度與政府財政，這五大塊會是公民政治學必須學到的東西。國家分類當中，國家要素、國體、政體又會是必學的中間概念。國家要素當中，人民、領土、政府、主權四個概念，就是關鍵字了。

這種學習方式也能用在其他的科目，無論是高深或基礎的學習。

有一個神人學長萬毓澤，現在已經是中山大學社會系副教授了，他懂得英法德義俄多國語言，並進行過多本書籍翻譯工作。當我為了英文學習而苦惱，而且還自以為很厲害地抱怨：「現在這個程度想找老師都很難找了。」他也不過給我一個很簡單的解答：「筆記。」並且，他向我說明他自己在英文所下的功夫，也不外乎做筆記。他自己在讀書的時候，讀到好的句子、好用的句型，會開檔案按照單字、句型、句子進行分類，然後做筆記，學習作者怎麼樣銜接句子、使用複雜句型等等。我目前認識的當代人當中，在語文上的天分與成就，還沒有人能比萬老師還要厲害，連這麼厲害的人都持續在做筆記了，抓重點與做筆記真的是最基礎，卻也最扎實的功夫了！

如果一開始學生對於這種分析性學習感到困難，最簡單的方式，其實就是把課本裡的大小標題拿來當骨幹。先把那一課的名稱寫下來，再把那一課每一個大標拿來當大分類，小標題拿來當中分類，最後把有畫成粗體或者自覺重要的專有名詞放在關鍵概念，練習久了，自然會有更多的啟發。然後，也許你會發現課本分好的概念圖不夠用了，你會自己動手把這些學問重新排列。或許你會發現一排一排的大標題小標題不夠用了，你會開始尋找好的筆記工具，筆記本或活頁紙？直列或橫列？要不要留白？或許你會發現文字不夠用了，你會尋求圖形的幫助，手繪或好用的心智圖軟體（註一）？

只要學會抓出骨幹，就掌握了一半以上的知識工具。

在清大的第一年，有個蕭信彬學長帶我們組織一個涂爾幹讀書會，我們每個禮拜的工作，就是要想辦法做出結構連貫的摘要，為此，我們一起嘗試了許多的方法，至今受用無窮。也許，好老師的差別，就在於是否能用學生可理解的方式，把這些骨幹介紹給學生吧！是讓學生清楚了解，還是在大量的概念當中混淆？現在的社會科考題有一個奇怪的趨勢，大考中心喜歡用時事來出題，而學生與家長便緊張地認為，要解答時事題必得好好研究時事，坊間甚至有高價的考前時事班課程。每每遇到這種緊張的家長，我就得無奈地解釋，所謂的時事題不過是些花招，真正要考的，是用課本裡的概念去解讀時事，如果忙著了解時事而忽略了課程的骨幹，無疑是捨本逐末。

需要特別提醒的是，有些開明的家長誤以為，真正的思考性學習只能充滿創意與對話的，完全無法接受重複或苦工。我曾經疑惑地跟飛哥補習班的鍾主任說：**「我希望能教學生的，是思考式的學習，可現今考試領導教學的情況下，讓**

學生背誦反而是最快速的方式。我感到很矛盾。」鍾主任反問我說：「妳以前不也是這樣過來的嗎？現在妳唸到碩士，卻要回過頭讓學生不要去做妳以前做過的苦工，這不是很奇怪嗎？」是呀，要學好英文哪有不背單字的道理，要學好社會哪有不把人事時地物記起來的道理。雖說，好的教學能大大地減少學生背誦的需要與時間，但，連我修課的某個中研院老師都曾感嘆地說：「**背英文單字好像永遠沒有背完的時候。**」老師已經教書許多年了，他的單字量都還在累積，正蹣跚學步的中學生們，又怎麼可能完全不下苦工呢？

一對一是最好的教學方式

我以前跟許多人一樣，誤以為，好學生只需要上課與自習，就能學得優秀。當我開始教書後，接觸了許多資優學生與家長，才發現，這句話似乎該反過來說。

正因為是優秀的學生，所以只需要上課與自學，就能學得好。

曾有個家長找我去幫他的小孩家教，我走進他們家，就感受到一股書香氣息，學生的書架上擺的不是參考書，而是各式各樣的課外讀物，歷史小說呀，地圖集呀，漫畫呀，這個學生雖然才高一，我們談一些學校發生的事情，以及學習的方法，學生能很清楚地說出他需要的課程幫助。我準備了一些社會科難題給學生做，他只錯了一題，而且只稍加提點，立刻反應過來，並講解解題的道理給我聽。我離開時，直接跟家長說：「**這個小孩不需要家教。**」以他自己發現問題、尋找解答的能力，應付學校的課程實在是綽綽有餘了！

可惜這麼優秀的學生畢竟是少數，而且需要環境的培養，連我自己在高一的時候都不敢肯定自己的腦筋是不是像他這麼地清楚呢。大部分的學生，除了聽講與自學外，其實還需要更多的幫助，幫助釐清觀念與觀念之間的連結，並透過問答來確認思路。在這些外在加強的方法裡，我認為一對一是最有效的教學方式。

在一對一的條件之下，完完全全，就是針對學生的需求而調整教學的方式。一對二以上的教學情境，會有教學進度與程度的壓力，班級越大，壓力越大，通常五人以上的班級已經開始需要老師的「表演」能力，才能長時間地抓住學生的注意力，對於老師的講解能力也有所要求，以達成「大部分」學生聽得懂為主，沒辦法照顧到資優或落後學生。可是家教不一樣，家教完全是以眼前這一個學生的程度與需求而調整，不論是授課進度或者難易程度，都以眼前這一個學生所能吸收為最大的目的。所以，一對一是最能夠貼近學生需要的教育方式。

我從大學到現在，從事家教教學大概有十年的時間了。大部分的情況下，家教會遇到程度非常糟糕的學生，這時我會從國一甚至國小的範圍開始講。不誇張，有幾個學生到我手上的時候，不是東南西北都分不清處，就是連 best 都不會拼，be 動詞是哪幾個都不知道，在這種狀況下，只能一切重頭來過。由於是家教的關係，把課程分成兩半，一半顧著新課程，一半顧著舊課程，或者在短期內密集補課都是可能的。在這樣的狀況下，可以從無到有，全部重新學過。學生也不用怕被同學取笑，或者不敢開口回答問題，就算聽不懂也不可能在課堂上發呆、畫畫或睡覺。

更不用說分心了，所有問題學生都要回答，被迫專注在老師的教學中，同時，一對一教學也能隨時調整方式，有時，學生專心程度不佳時，我會先帶學生做一些題目，為後面的教學熱身。或者，講了一個小段落，就練習一些題目，看學生吸收的程度如何。所有的回饋都是立即的，不論對老師或者對學生來說都是。如果可以的話，學校教學已經完全無法聽懂，進補習班也跟不上的學生，應該嘗試家教教學。

少數的情況下，會遇到程度非常好的學生，這時，家教能提供特殊的教育需求。比如，我曾聽說數學老師專門教學生解奧林匹亞競賽的題目，或者理化老師每週都帶學生做一個實驗，有的時候學校與補習教育市場並沒有提供相關的服務，只有依賴請家教來彌補。

家教也能進行「非常規」的教學，我講到台灣近代民主化運動時，有時會製作學習單，讓學生去圖書館借閱書籍或影片，進行課本以外的深度討論。這種教學效果非常地好，我教到台灣近代史時，發現學生對於近代的民主化運動幾乎一無所知，曾經臨時製作學習單，讓國三學生到圖書館借閱《狂飆世代——台灣學運第七集：民主、政治、野百合》。學生高中畢業後跟我說，當時看了那片紀錄片後，從此關於台灣近代民主化運動的考題，她都沒有做錯過。（註二）這種突發奇想式的教學，也只有在家教的時候才能隨心所欲地安排了。

學習不該被分成理解與練習兩個部分

很多人覺得，請家教是一種讓家長推卸責任的教學方式，因此是一種浪費。

我認為這種想法有幾種前提。

第一，把學習分為勞心與勞力兩種過程，我們常以理解與練習分別稱之。早期，補教業尚未蓬勃發展以前，學生往往得在學校把東西搞懂，回家做題目練習，到學校再把不會的題目拿來詢問老師。造成學校「教」，家庭「養」的分工模式。於是我們的社會開始覺得，教會學生是老師的工作，而在家裡盯著學生做作業，練習題目，養成良好讀書習慣，是父母的責任，更準確地說，是媽媽的責任。這種在心態把學習劃分為理解與練習的分類讓人懷疑，大部分的情況裡，這兩個過程是無法分割並且同時進行的。學游泳或學騎腳踏車時，我們不會傻傻地認為老師只要教理論，自己回去練習就能學會，如果有人真的這麼做，不是溺死就是摔死，學得會是種僥倖。

如果我們把學游泳的方式拿來學社會呢？哪個部分姿勢不對，換氣的時機，都在每一次實際游泳中慢慢調整，是不是可以學得更有效率呢？

可是，學子待在學校的時間有限，老師的時間與精力也有限，要求老師同時進行教學與陪練的工作，會不會太不切實際了呢？

互補教育不該是媽媽的責任

在我的家教生涯中，經常遇到什麼事情都幫子女打點好的爸爸媽媽，尤其是媽媽，每天接送小孩上學、補習、練校隊，準備三餐、買參考書還有文具，以子女的時間表為時間表，不禁感嘆：**台灣的媽媽們好累！**

她們負起大部分的教育責任，被要求與學校無間地配合。其實，這種與學校互補的家庭教育的觀點，是晚近的發明。二戰前，許多新的學科如優生學、教育學紛紛冒出頭來，宣稱他們了解育兒的奧祕，並要求母親遵守這種需要高度情緒與密集勞務投入的昂貴育兒規矩，母親開始被要求要負責子女的身心成長。可是只要我們稍微回顧歷史，就會發現，這種被稱為「密集母職」的要求不只是晚近的，更從來不是普遍的。

只要想想我們的父母是怎麼受教育的就知道了。上一代的家長不認為自己需要為子女的學習成績負責，他們比較常掛在嘴上的是：「**學習是你自己的事情。**」而農村出身或中下階級出身的家庭，更不興這種昂貴又長時間的教育投資，他們更重視實作以及立即的經濟回饋。

金字塔頂層的家庭不受這套教育邏輯所限制，不管子女的成績如何，父母都有足夠的能力可以餘蔭子女一生，要不就直接送出國外。所以，真的重視這套密集母職與教育母職的，是中產階級的家庭，尤其，是以出賣專業能力謀生的新中產階級家庭為主。他們有錢到能負擔昂貴的教育花費，經濟資本卻也還沒有雄厚到能庇蔭子女一生，在這樣的狀況下，他們最重視子女教育，這是為了讓下一代能維持既有的階級地位，甚至向上流動。這些家庭通常有足夠的經濟資本，能負擔昂貴的教育花費，最好的狀況是，有一個高教育程度，卻不需工作或者從事簡單工作的母親，他們全神貫注地教養子女。只有這樣的家庭分工，才能最好地回應目前學校對家長的過度要求。

我碩士畢業後，有兩年的時間，在國高中擔任代理教師，也曾經當過代理導師。光是每天要確認學生家長的簽名，學生的出缺席聯繫，就不知道要與家長進行多少溝通了，如果學生在學校有一點風吹草動，傷風感冒或與同學發生衝突，請家長到學校來是司空見慣的事情。到底什麼樣的家庭，什麼樣的媽媽能夠負擔這麼頻繁地與學校聯繫的教育工作？我常常感到疑惑。尤其當老師們抱怨哪個小孩的家長不負責任，或者電話打不通，聯絡不到的時候，更深深感到這是一個老師與父母互相為難的制度。我不用說讀者們也猜得到，通常學校老師聯繫的時候，第一個打的，是媽媽的電話，來學校帶走小孩的，十之八九，也是媽媽。

如果我是一個勞工階級的媽媽，在不考慮加班的狀況下，每天早上九點要到工廠工作到下午五點，我還沒出門，子女已經上學，我還沒下班，子女已經放學，在這樣的狀況下，我真的能夠應付學校對家庭教育的需求嗎？

更現實點說，現在的國高中課業已經相當困難，教材也常常在改變，如果是我，我有辦法負擔得起盯子女每個科目的作業的工作嗎？要求媽媽大量地承擔起與學校互補教育的工作，真的可能嗎？如果這種互補教育工作既繁重又困難，要完全負擔是幾乎不可能的事，我們到底為什麼會有這種家庭完美地與學校配合，進行家庭內的教育工作的想像呢？

袁媽媽就深深地為這些要求所苦。她的女兒小袁就讀私立高中，數學老師將學生程度分為兩組，使用難易度不同的教材。雖然小袁已經使用較為簡單的教材，但每天兩大張數學考卷的作業仍然寫不完，數學成績落後許多，數學老師多次打電話給袁媽媽，請她督促女兒學習，袁媽媽感到委屈：「**我說有啊，功課我有看啊。**」只有「看」是沒有用的，高深的高中數學不是袁媽媽看看女兒考卷有沒有寫完就可以進步的，於是老師建議袁媽媽幫小袁請家教。袁媽媽本來還有點猶豫，卻在老師幾次強烈建議下，請了一個數學家教，每個禮拜來一次，結果，「中間一到五的功課還是沒辦法啊，商量後，請家教老師禮拜三之後也來教。後來數學老師還是一直打電話來說這樣不行，他叫我每天請家教！我心裡想怎麼可能啊？要我每天請家教那就不用去學校上課了！」

到底為什麼學生的成績不佳，媽媽必須負擔如此沉重的精神壓力與情緒壓力甚至經濟壓力呢？到底為什麼子女的成績會被視為媽媽與老師的考績呢？這些被視為理所當然的「常識」，只需要經過一些邏輯檢驗，或者歷史性的考察，就會發現它們完全禁不起考驗。

九〇年代教改時，輿論把革命的目標指向老師，教改二十年後，輿論又把革命的目標指向家長，到底什麼時候，我們才要把責任交還給真正該為自己的學習負責的主體？

也許，只有先停止把學業成績視為媽媽的責任，當做老師的考績，父母和子女，學生和老師才能更健康地互動。

學生需要的不只是教學

如果我們把教育分成理解與練習兩塊，在練習這個部分，容易被「去技術化」（註三），我們會誤以為學生可以自己完成，或者他們只需要簡單的陪伴或叮嚀就能完成。事實上，學生學不會的時候，理解與練習要同時進行，無法分割。許多家教老師很怕遇到「陪讀」的工作，他們常說陪讀是掛羊頭賣狗肉，學生如果有不會的題目，不是幫他解一題兩題就好了，常常得要從頭教過。

家教老師的工作也不只是陪學生做題目而已。

許多學生在學習上遇到的困難並不只是學業的困難，有的時候是環境的影響，家庭環境或是學校都有可能。青少年有許多的煩惱，有的時候只是一點點小事情就會受到很大的影響，情緒波動尤其劇烈，這時候，如果有人能夠理解地傾聽，或者給予諮詢意見，對學生會是很大的鼓勵。

而這個工作常常是父母的關心難以取代的。人很奇怪，我們對不同的人會有不同的應對方式。父母對子女有期待，子女有回應父母期待的壓力，為了避免父母擔心，遇到困難，通常會選擇隱瞞。而且子女也感受得到，自己的成績被當做媽媽的責任，或者被拿出來跟其他人比較的籌碼，就會感到抗拒。即使遇到了困難，也不願意向父母求助。

許媽媽就很感謝她的家教老師，她大女兒在學校被欺負，她也是透過家教老師才知道並協助處理。劉老師其中一個家教經驗更深刻，這個學生的父母都是高收入高教育程度的專業人員，學生卻無心學習，甚至涉入校園幫派，劉老師一開始教就覺得：「教這個小孩好像功課不是重點，家長不會講，家長還是覺得你是來教功課的，可是實際上大部分是來做生活輔導。生活輔導不一定是跟他講這樣不對啊不好啊幹嘛的，就是聽他說話。後來能夠一直教到學生上大學，可能也是覺得經過我在教，小孩子好像也沒有再變壞，稍微往正道走一點。」

學生需要的不只是教學。有經驗的老師都知道，當一個學生的成績拉不起來的時候，問題大部分不是出在學生的資質，而是所處的環境。密集母職受到新中產階級家長的追捧，開始向「下」擴張時，我們開始覺得這個環境是家庭要付大部分的責任。而家庭，在工業革命以後，被外出工廠工作的爸爸留給了媽媽。於是，學生成績不佳時，我們會第一個想到媽媽，媽媽如果沒有辦法親自盯功課，也得要找補習班、請家教，最低程度也要跟學校老師聯繫。可是，事實上，真正該為學生的學習負責的，為什麼不是學生呢？

有些人看到這裡可能會感到疑惑，如果我前面說，正因為大部分的學生不是頂尖的學生，他們很難只依靠學校聽講與自習就學得很好，所以才會需要更多的幫助。可是後面我又不斷提醒，真正該為學生的學習成果負責的就是學生，這樣不是很矛盾嗎？

其實一點也不矛盾，真正的問題點在於，我們的教育體系，並沒有提供足夠的教育服務。簡單地說，班級人數太多。學生本來應該可以在學校獲得近似於家教的教育資源，可是學生人數過多，稀釋了教師能因材施教的可能，使得學校老師只能顧及中等程度的學生，最前面與最後面的學生在學校裡可以說是一種浪費時間。頂尖的學生只需要極短的時間就可以學到學校老師花好多倍時間教的東西，莫怪乎彭明輝老師在談論讀書方法時說，平時學校考試要考的東西，他花兩個禮拜自習就能應付了。而落後的學生，如果沒有處理好基礎的訓練問題，上課時間也不過鴨子聽雷，同樣是浪費時間。當我們把許多原本該是公領域負擔的教育要求丟回家庭，並且這個教育要求在很短的時間內累積到很高很高的程度的時候，家長只能再把這個要求外包給教育市場。

如果看出，學生真正需要的，不是家教老師，而是足夠專業的教育支持體系，或者，是我們該降低學校教育對學生、對家庭、對媽媽的高度要求，也許，培養一個學生身心的均衡發展的工作，就能更多地從教育市場或家庭教育這些私人負擔的領域，被拉回公共體系可負擔的學校或社區教育。尤其是：降低班級人數，落實小班教學，將會是根本的治本之道。

曾有個國中老師告訴我，只要班級人數降低到十個以下，不，只要降低到十五人以下，他就能掌握每個人的狀況，並帶好他們。他任教的國中位於新北市南方，某個工人階級家庭為主，一個班上大概有五到十個中低收入戶，三到五個外配子女。他自願留下學生，讓學生在學校做完功課再回家，幾乎每天加班，累得半死，只為了帶好每個孩子。

還記得前面說過的嗎？最好的教學是一對一教學，而且學生需要的不只是教學，常人對於正式教師的工作往往有所誤解，以為老師只要有課的時候上課，沒課的時候改作業或聯絡簿就可以休息，很清閒。其實並不是這樣的。我曾幫某位導師代班兩個禮拜，這十五天內幾乎中午都沒吃飽，早上都沒睡飽，還必須在短暫沒課的休息時間內，確認學生到校人數、聯絡家長、改聯絡簿，兩個禮拜內，我處理的學生事務，隨便算算就包括曠課聯絡家長、學生得罪老師、班級霸凌事件等，兩個禮拜內迅速削瘦五公斤，被折磨得不成人樣。一放學我只希望學生快點回家，不要出事，當然不可能留學生寫功課，讓他們問功課問完才回家。

如果我們希望老師都願意讓上面提到的國中老師一樣，負擔得更多，不要過勞或過於挫折而喪失理想，尤其是，如果我們想想增加每個學生都能得到的教育關心的話，除了減少班級人數，並建立起社區教育支持系統外，沒有其他的辦法了。既有的狀況持續下去的話，有能力又有期待的家長，只會更加地尋求教育市場（補習或家教）作為解決之道！

沒有教不會的學生，只有缺乏彈性的教學要求與標準

近年來，我印象最深刻的學生就是阿軒了！在我寫作這本書的時候，他正好考上交大電機系，結束我們三年的師生關係。

他是體保上建中的學生，國中就讀體育班，經常代表國家出國比賽。上高中後，他選擇就讀普通班，過去體育班的學習經驗並不好，聽說上課時，全班都在睡覺。他印象最深的是，有次歷史課他睡到一半，醒來時，發現老師走了，還沒下課，老師已經離開教室，全班都在睡覺。結果他翻個身，繼續睡。在這樣的狀況下，一確定考上高中，他媽媽就決定幫他請一個國文與社會科的家教老師。我是透過家教社接到這個案子的，雖說我近年來以社會科教學為主，國文底子也還可以，就決定試試。

第一次見到阿軒的時候，我有點嚇到，他長得人高馬大，卻整個人癱在沙發

上，從我進入他家到離開他家，跟他們討論教學方式以及使用的教材這個過程，他只在沙發上哀號。畢竟，對一個體保生來說，要進入建中普通班就讀不是輕鬆的事，他既擔心未來，又怕課業壓力，導致我有點想退掉這份工作，所以醜話說在前面：「**如果學生不配合，不做作業，表示我的教學方式不適合你，如果這樣的話，我會直接辭職。**」那時我們都不知道，原來他可以表現得那麼好。

醫生證明他有閱讀障礙，且他的社會科從來沒有及格過，聽到他過去的「戰績」，我對於他的程度完全沒有任何的預設立場。我最害怕的，其實是打壞他的學習胃口，讓他對於學習感到恐懼與疏離。所以，我的教學方式是，先由我把課程內容讀完，再用說故事的方式講給他聽，最後我們再一起看一點點的課文。如果用吃飯來比喻的話，這根本是在反哺，我吞下知識、消化後，再吐出來餵他。一般而言，我不會按照課本排列的「題解」、「作者」、「課文」、「註釋」這樣的順序上下去，更不會要求阿軒背註釋，對於有閱讀障礙的學生來說，這麼做根本是在折磨他。我的作法是，先看課文有不有趣，再看要從課文切入或從作者切入。

如果課文很有趣，像是遊記或是人生體悟這一類的文章，我會直接從課文開始談。如果是比較偏重國學常識的課程，我會直接從作者切入。而且我絕對不會用一種課文高高在上的方式來跟學生互動，通常，我會用聊天的方式，讓他知道，不管作者怎麼寫，重點是他自己怎麼想。

比如，上到〈再別康橋〉，我會先問問他旅行的經驗，然後大概問問他在旅行的時候，有沒有比較特別的感受？後來我發現他是一個圖像式思考的人，對於文字有疏離感，所以我建議他要不要試著用圖像來做記錄，像是拿手機拍照，他後來也做了一些嘗試。接著會大概提了一下徐志摩的感情史，當然中間還要穿插一下類似：「男人真的很討厭耶！」，或是：「不要小看張幼儀，離婚後她成為成功的女性企業家耶！」「梁啟超在徐志摩跟陸小曼結婚致詞超嗆的。」類似這種說八卦的手法，真的很吃得開。學生會開始覺得，這些課文內容與大文豪，不是什麼高不可攀的明星，只是旅遊部落格或八卦雜誌之類的，平易近人，可親近可嘲諷的對象。如果有相關的影片或作品，我也會拿給他看，〈再別康橋〉一定要播放張清芳在《人間四月天》片頭曲演唱的那一首呀！再順便讀讀林徽音寫給徐志摩的〈我說你是人間的四月天〉。等學生在這種輕鬆的氛圍中，大概理解這篇文章的背景後，我們才會進入課文，接著才會處理比較困難的國學常識。提到新月派，當然又得裝模作樣地像唱歌一樣把〈再別康橋〉唸出來，才能讓學生感受到聲韻之美囉。

如果是比較偏重理論的課文，像是《論語》或文言文，我通常會先評價作者一番。講到孔子，我會說他是個怕得罪人的天秤座，說話顛三倒四，光一個「仁」在論語裡出現那麼多次，從第一次到最後一次，每次都講得不一樣，美其名說他「因才施教」，講難聽點他可能有點老番顛，話都給你說就好了呀！而且這個人很重視「正名」，什麼事情都講求名實相符，愛面子。他最欣賞的弟子顏回掛掉的時候沒有外棺（槨），顏回的爸爸去找孔子，請孔子賣掉車子幫忙一下，孔子居然把他趕回去耶！孔子還罵他說，自己兒子死掉的時候也沒有外棺，我是讀書人，出入不能沒有車。天呀！你最得意的弟子死掉耶，你居然跟人家的爸爸說你出入一定要坐車。為什麼孔子要這麼做？禮呀！（註四）

當然，這樣的說法是有點過於誇張，但我的作法就是，把這些飄在天上的聖賢拉回人間，多提一點作者的背景，讓學生感受到這個人的個性，漸漸地，學生會覺得自己好像「認識」這個人，對於哪些作者會講出什麼樣的言論，就會比較有感覺了！

我的學生都知道，諸子百家裡，我最不喜歡的就是孟子，最佩服的是墨子。孟子聒噪愛講話，而且不留口德，人家問他怎麼那麼好辯，他會先說「予豈好辯哉，予不得已也。」然後後面再講好幾大段。他還會罵意見跟他不一樣的人「無父無君，是禽獸也。」而墨子不只是一個思想家，他根本是一個宗教家。他覺得自己不重要，天下人的大利比較重要，只要別人好了，自己怎麼樣都沒關係，所以墨家兼愛、非攻。他覺得世界上最重要的是愛，如果愛別人的爸爸像愛自己的爸爸，就不會欺負老人，愛別人的人民像愛自己的人民，就不會有戰爭。墨家很偉大耶，他們不是嘴巴說說，他們會去做的，如果有大國要攻打小國，他們會派一群人去遊說大國國君，再派一群人去幫小國守城，劉德華演的《墨攻》這部電影有沒有看過？就像電影裡面演的一樣。所以呀，在孟子那個時代呀，墨家是很多人支持的，孟子才會特別討厭他，而且墨家的科技是非常發達的喔，可惜，沒有流傳下來。你想想，為什麼在戰國時期這麼受歡迎的墨家，後來會不見呢？

通常講到這裡，學生也想得到：「幫人家守城被殺光了。」

這就是我們上課的方式，讀到〈滿江紅〉，我們會討論岳飛是不是愚忠，讀到〈指喻〉，阿軒會覺得方孝儒太固執。講到顏回，阿軒會問：「他是不是人緣不好？不然怎麼連棺材錢都湊不出來？」這樣的教與學的關係，讓上課不只是上課，課文也不只是課文，雖然我們上的是前人所寫的文章，我們討論的，卻是學生自己的看法與體悟，在這種對話關係中，學生感到自己是可以發表意見的，而且他的意見是受到尊重的，降低了對於課本內容的排斥感，才能多少要求學生讀些東西，做些考題。

通常，我要他記下來的東西不會很多，而且我會要求他在課堂上當場記下來，不會留到課後。我也不會讓他做多選題，難題我會先帶著他做，簡單的單選題大概十到十五題作為回家作業，如果比較重要的課文，我才會請他做一些多選題，如果可以的話，會盡量把困難的作業在課堂上完成，減低學生課後的負擔。我也不會去逼學生的考試成績，通常我在意的，是學生有沒有在自己的能力範圍之內完成他能做到的學習進度。

只要學生有一些成果，我就會大肆地誇獎他們，我幾乎不罵學生的，但我的學生也從來沒有不寫作業的。我會跟他們「約定」作業進度，如果學生覺得作業太多，我就會減少，如果學生一次兩次不寫作業，我最多就說：「如果你覺得我的教學方法不適合你，那可能我不會是你需要的老師。」或是「只有老師在用功是沒有用的，你才是能改變自己的人。」所謂帶人要帶心，只要學生知道老師是尊重他，以他為出發點，老師是有用心的，那麼，學生多多少少，也願意用心。

要特別小心的是，當學生用心了，就算只有一點點，也不要批評或立刻施加更多的壓力，像是「你的題目做這麼少有什麼好得意的？」「這次進步到六十分，那下次要進步到七十分喔」，這種話絕對不能說。稱讚學生的時候，不要漫無邊際的稱讚，「你好棒」，「你好聰明喔」這種稱讚實在太空洞了，聽起來像是在討好，如果學生意識到老師是收錢在教書時，他們根本不會相信老師是真心的稱讚，也不會覺得自己真的很棒。真正的稱讚是肯定他的努力，比如說：「哇！作業都做完了耶，真棒！」或是「什麼！考到六十分喔！太厲害了吧！我就知道你可以。」

有些人覺得，這種作法實在對學生太好了，上課不像上課，又沒什麼作業，還不在意成績。可是，你知道嗎？這個原本對國文一點興趣也沒有，國中基測國文只答對一半的學生，在建中的第一次段考，國文就拿到八十幾分，最後在學測時拿到十二級分的成績。雖說不是頂標，可是，對一個曾被判定為閱讀障礙，放棄國文科的學生來說，這是莫大的進步了！而他從沒及格過的社會科，最後拿到頂標十四級分。確定考上交大電機系的那天，他發 line 給我，他說：「第一個告訴老師，謝謝你教得那麼好。」

試試看吧！相信學生，以學生為主體的教學，也許會收到不錯的成效喔！更重要的是，在這些教學關係裡面，我自己得到的收穫，絕對不少於學生，我反而該謝謝他們呢！

什麼樣的教育才是適當的教育

好友的媽媽曾跟我分享她在教育上的心得，她積極地參與小孩的學校生活，也參與非營利組織「全國家長團體聯盟」，她說：「我在跟孩子互動的過程中，我可能是老大數學的家教老師，我可能是老二的故事媽媽，我可能是老三的運動陪伴，所以我們在家庭裡面其實沒有設定固定的角色，我是一個非常開心跟孩子一起一邊玩一邊學的，很多時候我又很會演，他們不喜歡、沒興趣我都會先讓自己很有興趣，然後很好地吸引他。所以我們常常在家裡面其實在不同的角落，不同的時間點，包括我煮飯的時候，弟弟背在肩上，我女兒坐在流理台上，就這樣開始一個可能叫做媽媽的烹飪課程的教學，我自己就玩得很開心。」

林家有三個小孩，個個都是資優生，林媽媽自己則是台北商專畢業，在子女成長的過程中，其實並不是一直都這麼順利，尤其是長得又高又壯的小兒子：

「他人高馬大，坐不太住有點過動，所以他在主流價值當中不被肯定，他在學習過程當中很挫折。」

在這樣令人挫折的環境與標準下，林媽媽並不是要求小孩一定要坐在教室乖乖聽課，下課要更加努力讀書，反而是支持小兒子「運動」。「因為你運動完以後消耗體力你就可以靜下來，你願意為自己努力，只有你願意為自己努力，然後你找到你的方法，我們願意支持你。」

這樣的教育方式，是不是特別地吸引人？

到底什麼樣的教學會是適當的教學？討論到這裡，也許已經有了一個大概的輪廓：**一個能為自己的學習負責的小孩，知道自己特質與優缺點，懂得自己抓重點做筆記，一邊理解一邊練習**，而所有的教學與評量標準都為這個孩子量身定做的。所以最好的教學其實是一對一教學，可惜，在目前的學習環境之下，團體教學仍是主流，這個時候，一個不小心，講台會成為老師的表演所，老師只能顧及大部分的中等程度的學生，也只能依據課本所給予的官方內容來授課。同時，在升學系統的評價標準內，學生如果能進入優秀的高中或大學，才是官方認證的「好學生」，成為老師或家長的「考績」或「業績」，也因此，家長與老師在於子女或學生的成績上有非常龐大的壓力，許多老師或家長恨不得幫孩子讀書。

面對如此緊迫的教育環境，我們到底有沒有應對的方法？

有些人看過第二部分後，也許會感到焦慮，誤以為本書在鼓勵爸媽請家教。真是冤枉呀！這完全不是本書的原意呀！本書第二部分的核心主題，一直都圍繞著「適當的教學」，以上的主題與故事，都是希望能慢慢貼近這個主題，而我數年來的家教經驗，讓我有機會能看過許多學生、許多家庭的學習環境，與讀者們分享的這些思考，其實是「每個人」都可以使用的——每個人都可以成為孩子的家庭教師。

每個人都可以教孩子讀書與做筆記的方式，可以用商量的語氣跟學生討論需要完成的作業進度，可以用分享的方式理解歷史人物或文章作者，可以嘗試各種不一樣的教學方式，可以和孩子一起看影片、做作業。

《別被教育打敗》第一個實作練習就是：**放心吧！也放下吧！**

在這裡，分享兩個林媽媽在教養三個小孩的過程中，領悟到的方法，而這些方法的核心其實就是「身教」。

第一，每個人都可以成為孩子的老師，孩子在接觸多重的刺激時，能習得多重的能力，林媽媽說：「有些人學業成就不好，OK啊，他可能很會生活啊！他可能很多東西都是靠自己自立更生啊！有些人爸媽都非常辛苦，他可以體會他的家庭是這樣，雖然這個過程很苦，可是他可以堅持，不管未來的職場或家庭，他一路走過來的苦會成為他的一個堅持，我覺得他如果把這些東西願意花時間教給孩子去做分享的話，我覺得他也是很成功的老師，你不覺得嗎？」在這些接觸的過程中，也許我們都可以更放心，也更能夠放下，因為未來有很多的可能性，林媽媽就舉例說：「不是考試考一百分就好了啊！我可以像爸爸一樣，當個救火的，我就覺得很好啊。」

在這個多元刺激的過程中，請不要太快為孩子下判斷，也許這是最重要的一點。

家長面對子女的學習弱勢時，由於擔心，加上不夠理解自己的小孩，常常會用一些很「粗暴」的評斷方式來下判斷：「你就是沒練習嘛！」「你就是不夠努力呀！」「你就是怎麼樣怎麼樣……」可是往往學業表現是和許多因素交雜在一起的，林媽媽就舉出了相當多的可能性：「可能是過去的不成功經驗讓我覺得沒有信心去面對，或是我本來學習的方法就比較特別。」

譬如操作型的小孩需要練習，如果缺乏練習而考試考不好，小孩會覺得自己懂了呀，父母就很容易判定小孩是粗心，而錯過補救的機會。

「有的小孩可能是過動兒、太敏感，或者睡眠不足，早上精神狀況不好，或是他的學習態度一直都不是很專注的，也沒被發現，也沒被要求，也或許小孩有聽但根本沒有聽進去，小孩會隱藏這些問題。」就算把小孩送到補習班，這些問題也不一定會被發現。家長什麼時候會發現這問題？林媽媽認為，只有「在過程中我看到你做事情的方式，我看到你做出來的成果，我馬上可以從這些蛛絲馬跡裡面，透過一些對話去察覺。我問你說：『你是坐前面還是坐後面啊？』『你覺得你睡眠足不足夠啊？』」所以，我從林媽媽的身上學到，想跟讀者們分享的第二個方法就是「陪伴」。只有透過陪伴與分享的過程，才能找到最適合孩子的教育方式、內容，與標準。

與《別被教育打敗》一起經歷的旅程已經走了一半了，本書要在第二部分提出的思考問題是：在你的學習經驗與教學經驗中，哪些教育經驗是「不適當」的？如果可以重來一次，你又會怎麼做呢？也許我們很難為「適當的教學」作出一個完美的定義，也許對於每個人來說，何謂「適當」是不一樣的。但也許，透過對於「不適當教學」的反思，我們能漸漸地貼近最適合自己（或孩子）的教學方式呢！

【註一】推薦使用 XMind 或 Freemind 兩套軟體。加碼推薦筆記軟體 Onenote 與 Evernote。

【註二】李同學國三時成為我的學生，今年甄選上輔大，這是她寫給我的回饋：「在國中的時候社會科奇差無比，老師試了各種不同的教學方法，從看影片到一問一答，再到寫筆記，所有方法都用了之後，總算，成績漸漸提升了，印象最深的是有一次老師叫我看野百合學運的影片，到現在我都還記得內容，每次遇到野百合學運的問題都不會寫錯。在老師耐心又有趣的教導下，我能夠快樂的學社會科，到了學測的模擬考試，也讓我拿下了高分。」

【註三】去技術化（deskill）：社會學相關概念。在當代工業生產過程中，勞心與勞力工作被區分，使得技術與創造力被管理階層壟斷，基層的勞工只負責執行，稱為去技術化。

【註四】孔子擔任過從大夫的官職出入不能無車，顏回只是平民不能有槨，如果孔子賣車給顏回買槨，兩人都失禮。

第三部分：稱職的老師

比起過去，現在的教育體系非常強調「親師互動」。家長被期待能跟老師有更多更緊密的互動，行動電話與網路通訊軟體的發明，又讓親師間的互動多了許多壓力。家長怕被老師視為不負責任的家長，得要想辦法跟老師聯繫，出席家長會已經不夠，如果學校有什麼樣的需要，還得盡力配合，希望老師能多多照顧自己家的小孩。可是，一個班有這麼多個小孩，老師怎麼能面面俱到？就算想要當面跟老師溝通，也怕老師認為家長在質疑或介入他的教學，深怕自己是不是變成了恐龍家長。

孩子遇到的老師到底是不是稱職的老師？一個老師做到了什麼樣的程度算是

稱職？這是我們在這個部分要討論的問題。

我之所以會開始思考這個問題，是剛開始教書時，在辦公室聽到導師與地理老師的對話。地理老師認為自己跟學生的感情還不錯，講話學生會聽，因此她跟導師毛遂自薦，要來「矯正」學生的偏差行為。她說：「那個○○○讓我來跟他聊聊，我覺得我可以救他。那個○○○上地理課也很乖，我覺得我也可以救他。」也許家長聽到老師這麼說，會很感動吧，可是，不知道為什麼，我當時卻感到相當生氣。我的感覺是：「拜託！妳只是一個地理老師而已，妳該做的是教好地理，而不是去當救世主吧！如果學生根本不覺得自己需要被拯救，妳是要『救』什麼啦！」

奇怪的是，許多老師都期待自己能為學生帶來一些知識之外的啟發，也的確有家長直接告訴我：「老師，我希望妳能多引導我孩子，讓他變得比較喜歡讀書，會主動去讀書。」根據我的觀察，那個學生對事情有自己的看法和作法，我覺得，真的「需要」被拯救的不一定是那個學生，而是我眼前的這個媽媽，她需要被聆聽，分擔她的教養焦慮。

除此之外，有些老師只要教學不順，就會覺得是學生的問題，學生太笨，學生不受教，學生過去學的東西都忘記了。我也曾聽過某個建中學生告訴我，他們學校裡「博士級」的老師，上課會直接羞辱學生：「**這個你們也聽不懂？**」「**連這個也不會？**」然後課上完了，學生還是不會，只能呆呆地看著老師，覺得老師好厲害。

但是學生仍然不會。

我認為，以上兩種狀態都不能算是稱職。真正稱職的老師唯一需要做的，就是把該教的知識盡量用學生能瞭解的方式傳達給學生。不論老師自己有多麼厲害，能給學生多少心靈啟發都一樣，「老師」作為一份工作，最重要的要求，就是教學。

能用的知識才是好知識

記得我第一次見到我的師傅謝逸民老師跟徐偉老師的時候，大言不慚地問兩位老師：「我不知道兩位老師為什麼要教書，不過我知道我想教書，是因為我想改變社會。我想教社會科，因為它是最貼近社會脈動的一門學問。歷史科讓我們知道我們認識自己國家民族的歷史，知道自己不是孤獨地被拋到世界上來的，讓我們有歸屬感。地理科讓我們認識自己在世界上的定位，以及不同的文化生活之間的多元性與相互尊重。公民科最被忽略，但它最重要，它讓我們理解社會運作的規則，更重要的是，在社會運作出狀況的時候，我們可以知道怎麼樣用合理的方式來改變它。」當時兩位老師很驚訝，徐偉老師提醒我：「老師的工作是先把課程吸收後，節省學生的時間，學生不是要來花錢聽這些道理的，我們要做的是讓大部分的學生接受，如果妳說的跟學生立場不同，學生跑去跟家長說補習班老師都在宣揚自己的政治立場怎麼辦？」

當年我還在讀碩士班，正是徬徨於畢業後的未來的時候，我想過幾種出路，像是跑去出版社會學相關書籍、跑新聞當記者、到非營利組織工作，或是社會科老師。同時我也試圖做過一些嘗試，比如到法學雜誌出版社當助理，校稿校到快得飛蚊症；或是跟台大科學教育發展中心或《消費者報導》雜誌合作，嘗試寫作投稿；到婦女新知基金會擔任實習生；或是去應徵補習班社會科講師的工作，這才遇見了謝老師與徐老師。有些人覺得，我是個相當不安於室的人，總會突發奇想，就去做一件出人意表的事情。可是，對我來說，這些事情是非常類似的，他們的基本邏輯是一樣的——將社會學式的思考方式運用於生活。

這種想法大約從我大四的時候萌芽，有次在電視上看到《新聞挖挖哇》，那一集討論的案例是，一個婆婆帶著鄰人，到媳婦娘家要人，打斷了媳婦的腿。鄭弘儀在電視上，不斷說：「這就是父權社會。」鄧醫師引用「政治正確」、「角色」做為概念工具，雖然這些詞彙被使用的時候，是一個籠統的意象，但我突然覺得，我們的日常生活是需要社會學的，只是我們不知道可以在哪裡找到它們。後來我注意到，談話性節目與政論節目似乎取代了社會學家的位置，重要的社會議題在這些節目上被提出來分析，鐵娘子、花美男、魯蛇、高富帥、屌絲等等常民語言，充滿了豐富的社會學意涵。於是我忍不住會想，如果能多讓社會學觀點在社會上被聽見、看見，人與人之間的關係、不同觀點間的對話都應該會更具開放性吧！

從這樣一個簡單的起點出發，接下來的幾年裡，我做了一些嘗試，很幸運的是，社會系有許多跟我一樣異想天開的人，我們一起組織讀書會、工作坊、八八水災的時候到災區進行攝影工作坊，在這些實踐當中，我也慢慢地抓到一些溝通的訣竅，以及看似穩固的體制內可能的突破點。我進行社會科教學，家教或者找補習班講師的工作，一開始薪水並不高，教學內容也不穩固，雖說有嘗試做過一些講義，組織過一些板書，都還在相當不成熟的階段，直到我遇見謝老師與徐老師。

第一次面試時，與徐老師交手的經驗，讓我感到一點挫折，我甚至感覺到自己似乎開創了一門新的教學技藝。直到我拜入師門，開始每個禮拜跟老師們的課後，才發現自己真的太自大也太天真了！

當我說我希望做的是社會科學式的社會科教學的時候，當我說我希望能帶領學生思考的時候，當我說我希望我能改變台灣社會的時候，似乎畫出了一道界線——我是創新的老師，老一輩的老師是守舊的老師；我是有想法的老師，老一輩的老師則是因循苟且的老師；我是能帶領學生思考的老師，老一輩的是只會填鴨的老師——根本完全不是這麼一回事！

不論是老一輩或是新一輩的老師，教學就是教學，所謂真正的教學，就是讓學生理解他們該理解的東西，只有真正的理解，才是真正的學習，並將知識收為己用，在「理解」的前提下，不論是新的教法或舊的教法，只要能讓學生理解，就是好的教法。這不代表用電子媒介教學的老師就是新潮的好老師，而寫板書的老師就等著被淘汰。從補習街目前檯面上的名師群們都仍是以上一輩的老師居多，就可以知道這種現象。補教業是相當現實的產業，唯一能留住飯碗的，只有學生的青睞而已，如果能抓住學生的心，不管是老老師或新老師，都可以用，甚至補習班更喜歡新手老師，原因很簡單，新老師的鐘點費較低。一個能夠抓住學生的老師，依靠的，絕對不可能是守舊、因循、填鴨。我去跟課後才知道，老師們的教學方法，正好就是我所稱的理解式、思考式教學，聽完老師們的授課，只要跟著進度走，即使回家不怎麼複習，知識還是印在腦海。

我這才知道以前的自己有多麼地淺薄，同時，也開始真正地去思考「教學」這一回事。我跟團隊裡的許多老師都討論過，如何更整合性地、更具思考性的教學，團隊裡的沈揚老師立刻跟我說：「妳這樣搞，只有聰明的學生跟得上，其他學生腦袋沒有轉得這麼快，他們聽不懂。」我最佩服的王飛老師，非常了解「學不會」的痛苦。他沒辦法持續看很多字的書，卻還是唸到了碩士畢業，還讀了一定要看很多字的歷史系。為了生存，他不得不想盡各種辦法，把很長的一段話用可理解的方式短短地講出來，配合表演或生活體驗，尤其他最愛的海賊王，可說是學生的救星。我曾接過一個英文家教，是個英文閱讀有障礙的學生，直接照著課本抄單字都會抄錯。我很快發現他的狀況不是努力可以解決的，他需要尋求專業的幫助。可是我跟他的媽媽提到這樣的情況，他的媽媽會立即轉身罵小孩不認真不努力不專心。後來我跟王老師討論到這樣的狀況，王老師跟我說，這種小朋友的重點不是跟上課業，他需要一些特別的辦法讓他記憶，比如 apple 的 a 就是一顆大蘋果，土裡鑽出兩隻毛毛蟲（p），爬在大大的樹幹上，用一些圖像或說故事的方式，讓學生可以多少學一點。我說：「我第一次遇到這樣的學生，覺得我沒辦法教好，他可能需要更專業的英文家教。」王老師說：「這種專業的英文

慮到聽眾的接受度。學生為什麼要學這些？怎麼學比較好？學了以後可以怎麼用？這些問題才是教學的核心。可是老師們（包括我）往往太過於自戀，敝帚自珍，自己的東西好，就希望「買主」（學生）買一整套的，不能退也不能改，只能一次全部接受。學生接受程度不高，就是學生不夠認真，學生不識貨。我們去市場買東西都還懂得選擇、比價，一次面對幾十個學生，又怎麼能強求學生人人都吃你這一套呢？

我一開始教書遭遇到的這些困難，正好也是許多專業學科面臨到的困難，它的關鍵字是：**轉譯**。

第一次幫團隊裡的公民老師代課時，我既緊張又期待，那次的內容是「性別與家庭」。作為一個大學與碩士都修過女性主義的社會學系學生，論文又正好做與性別相關的研究，得到這麼一個好發揮的題目，真的是躍躍欲試。我拿出社會學教科書，翻出女性主義課堂筆記，對照公民課本，做了一些概念定義，諸如：

生理性別、社會性別、性別刻板印象、性別歧視、家庭暴力……我不用繼續說下去你也明白，對著國中生談這些東西，這堂課當然不成功，最吸引學生的部分大概只有「鄧如雯殺夫案」這則故事吧！

直到我跟過沈揚老師上性別這個單元的課後，我終於知道我們之間的差距在哪裡。不是專業的知識，或懂不懂得高深的學問，事實上國高中生也不需要了解這麼多深奧的理論，我們的差距，在於「轉譯」。提到性別刻板印象，沈揚老師會用非常生動且生活化的例子與同學互動，比如他提到，他朋友教養兒子與女兒的差異，兒子跌倒，會讓他自己起來，要求他不能哭；女兒跌倒，立刻扶她起來，還邊拍著地板邊說：「是地球害妳跌倒的，我們打地球。」這樣唱作俱佳的演出，比我們提一堆陽剛氣概陰柔氣質，更貼近學生的生活與語言，而且更容易理解。

沈揚老師比我大十幾歲，如果要說與學生親近，我應該能做得更好，但是事實並不是如此，初出茅廬的我所說的語言，竟不如上一輩的老師更能讓學生理解。教學十幾年的沈老師跟我分享他的體悟，當他決定轉進補教業時，他曾思考，自己和其他老師有什麼不一樣呢？如果要做教育，為什麼學校不能做，偏要到補習班呢？他提出了三點：**讓學生聽得懂、記得牢、學得開心**。

從這裡就看得出我們倆決定性的區別，當我進入補教業的時候，我想的是要把我所知的塞給學生，我是從自己出發的，可是沈老師沒有預設的立場，他每次的授課，就是從學生出發的，不管進度如何，最重要的是學生聽得懂，學得開心。真正從聽眾出發的溝通，才是真正的溝通，它是有來有往的。曾聽許多老師抱怨自己對牛彈琴，轉念想想，如果知道自己面對的是牛，為什麼非得要彈琴呢？

這種體悟，直到今天，我都還在學。

在我回到學校就讀博士班的第一個學期，由於兩個社會科老師驟然離職，使得之前代課的學校臨時找不到公民老師，我也因此留下來幫忙兼課。這次，也是我兩年半的代課生涯中，最受挫折的半年。我被排到高中部的體育班，以前為了教學而準備的板書或內容，突然又失去了功能，一切得要重新學起。

最苦惱的，便是學生上課會睡覺，其實跟學生講過很多次，也為此發過脾氣，高中公民不比國中，內容相當艱深，絕不是能用三言兩語就教得會的。為了引發學生的興趣，我每週花好幾個小時的時間做投影片，上網找影片、圖片，就是想用比較有趣的方式把課程介紹給他們。可是學生往往是感到有趣的時候，抬頭看看影片，累了就繼續睡覺。我可以理解學生的疲憊，畢竟是早上第一第二節課，體育班的學生又是七點開始辛苦的晨練，可是，當每個禮拜只為了這一個班而努力做的投影片，無法得到學生全心的關注，這兩年來教學功力大進的我，還是不免有剛出道時那種無措的感受。教到行政訴訟我播放《新聞挖挖哇》討論文林苑事件的片段，教到刑法我播放劉櫂豪立委質詢黃世銘檢查總長的短片，學生津津有味地看著影片，卻每每在我準備認真講課的時候跑去跟周公下棋。為了體育班，我不知花了多少時間費了多少心血發了多少脾氣，直到有次，與謝老師吃飯，同桌的還有飛哥補習班的鍾主任，我跟他們提了當時面對的這個困難。鍾主任立刻問我說：「妳不是已經在教了嗎？妳給他們的影片難道是隨便給的嗎？難道不是跟課程內容有關的東西嗎？妳給他們看影片，他們看了，不就是學到了嗎？為什麼一定要坐在那邊寫考卷抄筆記才叫做學呢？他們會睡覺，妳也知道是因為訓練很累，訓練很累本來就會想睡覺，這不是很正常的事情嗎？妳希望他們不要睡覺，這不反而是不自然了嗎？如果他們訓練很累會想睡覺，那就讓他們睡呀？讓他們先睡二十分鐘養精神，睡醒再教，這樣學生也會覺得妳對他們有義氣，願意挺妳。教體育班的學生最重要的不是知識，而是關係，他們最重視義氣，妳讓他們願意跟妳義氣相挺，就會好教。」真如當頭棒喝！

只不過學校有學校的進度、排名與考試，要如何在體制與學生中間取得平衡，也許還需要更多的練習。可惜我當時過於挫折，課業又重，便直接在寒假辭去這份工作，鍾主任為此嚴厲地提點過我：「身為一個老師，妳不能放棄任何一個學生，不管用任何方法，如果妳說出放棄兩個字，那妳不配當一個老師。」那餐飯局裡的這一席話，直到今天，還時時點醒著我。

沒有色彩本身就是一種色彩

第一次在台中教到八年級下學期段考複習，終於有比較長的時間可以談談六四天安門事件。我備課時查了許多關於六四的資料，在課程最後的三十分鐘，先按照課程內容談了六四，接著，問了學生一個問題：「如果你是知識分子，當時正年輕，為了你的理想而犧牲奉獻，換來的卻是軍隊和坦克。而那些在旁邊幫忙的，不是知識分子的農工大眾、父母、親友，可能卻因為你的理想而死。這種時候，你該怎麼辦呢？該繼續堅持你的理想嗎？還是隱忍下來沒沒無聞呢？」學生聽到這裡非常感慨，多少也覺得這個老師有點造作吧，他們問：「老師，那妳呢？」我說：「**我也不知道呀，所以我才想教社會科，透過行動來找答案。**」有那麼一個聰明的男學生，他的反應一向很快，也很搞笑，自封台中嘴砲神，立刻質疑我說：「**那是因為妳教社會才這麼說。**」我還來不及跟他說，其實是我這麼想才會來教社會，就看到本來坐在教室後方錄影的導師，往前蹲在學生旁邊，偷偷地跟學生說：「**老師是綠的，偏綠。**」頓時什麼話題都說不下去，匆匆地帶學生解題，結束這一堂課。

當時我還是碩士學生，正與論文奮戰中，野草莓學運的熱情已經退去，太陽花學運還只是顆種籽，雖然我很不想承認，不過我知道當時有些朋友把我當「憤青」，而家裡的長輩雖然對於我的所學所為不甚支持，在愛的名義下包容了，卻仍覺得我不懂事。而我正處於人生的交叉口。三一八佔領立法院運動落幕後，有名人嗆學運學生「找不到工作」，雖然我自認不算社運分子，也不認為自己稱得上知識青年，只是對於一些社會議題的關注，還有改變社會的年輕熱情，仍然讓我在即將步入社會的這個階段感到相當惶然。

這名導師與學生的私語，不禁讓我腦中再次響起徐老師在面試時說的，補習班老師最好不要談論敏感的政治議題，以免弄巧成拙。記得從以前開始，父母師長總是教我們「不要談論政治」，好像政治是骯髒的，權貴的遊戲，如果學生喜歡談論政治或者對於政治較有看法，很容易就被指稱為「被洗腦」，或者（不理性的）狂熱者。如果我們試圖使用政治手段達成目的，很容易被視為不守秩序的異類，如果手段成功，就說是有權力者本來就要這麼做，所以政治行動是無效的。

我碩士畢業後第一年，在高職擔任公民兼課老師，當時學生為了校慶運動會盡力準備了許多表演，校慶當天卻因雨而暫停活動，接著，段考將至，學校為了要不要補辦運動會而苦惱著，甚至傳出有活動停辦的風聲。學生穿著雨衣，在打掃時間到行政大樓前靜坐，教官出來和學生溝通，後來校慶活動順延。這是一個成功的校園陳情，手段並不激烈，並且迅速地達到目的。學生還來不及為訴求成功而開心，每天上課就聽許多疲勞轟炸，什麼「**表達訴求的手段太激烈**」，或是「**本來校慶就是要順延，跟靜坐無關**」。

這樣的說法是不是非常地熟悉？

陳為廷在立法院與教育部長的對談被斥為「**沒禮貌**」、「**學生懂什麼**」，清大還要代為道歉，三一八學運後充斥著服貿卡關害貨貿也沒影的反效果論，這類反動修辭（註一）的大本營就在學校。明明解除了髮禁，同學染了頭髮被教官抓，導師會說：「**其實我也覺得非常好看，但是學校的規定就是這樣。**」明明規定不合裡，老師會說：「**等你變成教育部長的時候再來改。**」好像如果我們不是有權有勢的人，對於公共議題就不能有發言的權力，如果發言，不是為了自己的私利就是找碴（然後再得到好處）。我們的社會不只不習慣公共參與，甚至抹黑公共參與。

從學理上來看，對於教師來說，討論政治也是危險的。正如韋伯（Max

Weber）在他的著名講稿〈學術作為一種志業〉中所說的，人文社會科學與自然科學不同，「這些學科教我們如何從其起源的條件上，了解政治、藝術、文學、與社會等方面的文化現象。但是它們本身，對於這些文化現象在過去或在今天有無存在的價值，並沒有答案，它們也不會告訴我們，是不是值得費工夫去認識這些文化現象。它們只預設：透過這個了解的過程，參與『文明人』的共同體，是有價值的。可是它們提不出任何『科學』性的證明，證明實情確實如此。同時，它們作此預設，絕不證明此乃理所當然。（註二）」

這段話恰恰告訴我們，價值是多元的，沒有對錯之分。課堂上是呈現科學事實與方法的地方，而不是宣揚教師的價值判斷的地方。在課堂上，學生為了學習，沒辦法用辯論的方式跟教師站在一樣的條件探討價值，往往只能屈從或沉默。

我印象最深刻的一個例子，是我修習大學輔系經濟系課程「總體經濟學」時發生的。當前的經濟學界受到新古典經濟學理論的主宰，在二〇〇八年金融危機之前，新古典經濟學理論可謂經濟學理論中的霸權，幾乎每一門經濟系的課都在跑模型，算最適均衡點。當時的總經課堂上，有一個討論是這樣的：**政府到底該不該實施社會福利政策？**

如果用新古典經濟學的預設、公式、理論、推導方式與計算結果，「標準答案」是：否，**政府實施社會福利政策會損害社會的總體利益**。

修習這門課時，我是社會學系大四的學生，社會學的訓練已經讓我開始質疑經濟學的一些基本預設，尤其是使用模型來化約複雜的社會生活的可能性。同時，我也養成一些中心思想，其中，當然包括社會福利與社會資源重分配的公平正義討論，因此，對於總經課堂上的推導，我只把它當作一門技術，卻不必然信仰他的價值。結果，期末考五題中，這是其中一題。

我陷入了兩難，是要為了二十分，背叛自己的中心思想，做出「**不需要社會福利**」的推導？還是堅持自己的意志，用自己的方式推導出社會福利能促進社會公平的結論？想到課堂上老師說過，曾有個有勇有謀的經濟系學長，用自己的方式推導理論得到相反的結論，老師非常讚賞，並賞了筆墨分數兩分的戰績後，我還是非常沒用的按照老師上課所教的方法，得出不需要社會福利的答案。

我覺得我為了分數背叛了自己信仰的價值。

這個經驗讓我憤怒，對老師憤怒，也對自己憤怒，直到今天我都認為老師不該出這樣的考題。也由於這樣的經歷，我對於教師是否灌輸特定立場給學生這個議題特別地敏感，尤其是，在課堂上所呈現的事物，可能會被學生當做科學事實或真理而接受。明明是教師自己的價值判斷，卻以真理的形式呈現給學生，用韋伯的話來說，這是種「欺騙性的作法」。

可是，為了避免「欺騙」，完全地避開政治性議題，或者常常告誡學生「不要談論政治」，無形之中，我們正在傳達一種與我們所教的社會科截然相反的觀點，教養出對政治冷感的假公民。之所以稱之為假公民，乃因這群人即便擁有參政權，卻無法擔負起公民所需的義務，把參政當做政客的工作，甚至在日常生活中抵制公共生活。這群人信奉「個人自掃門前雪」，高呼「人都是自利的」，他們沒有看到，政治如此緊密地牽涉我們的日常生活，大到都市規劃，小到門口的紅綠燈有沒有正常運作，大到名嘴在電視上討論的議題，小到社區管委會如何維持社區的清潔，大到立法院諸公是不是三十秒通過服貿協議，小到開班會決定班規，其實都與政治參與緊密相關。而我們在學生時代，如果沒有好好地練習用制度性的手段來處理制度性的問題，等到真正成年，又怎麼懂得用制度性的手段監督制度的運作呢？如果無法好好地理解政治、參與政治，不正好是雙手奉上權利與權力，任由選舉時選出「代議士」宰割嗎？而這，又怎麼會是我們的人文社會科教育所要教導出來的「有獨立思考能力的人」所作所為呢？利用政治的骯髒標籤，教出政治冷感的假公民，不也是在傳授一種價值判斷嗎？

如果我們不能用我們在公民課所學到的分權制度來監督行政立法體系，不能用我們在歷史課學到的民主化進程來針砭威權（甚或還能接受有戒嚴才有民主這種無腦的反動修辭），不能用我們在地理課學到的全球化來體察貧富差距，那我們到底在教什麼鬼社會科？

第一次在補習班教即將參加警專入學考試的學生台灣史時，我備課參考的是南一版的高中歷史課本（完全按照課本來教），但提到二二八、自由中國、中壢事件、美麗島事件時，我還是緊張地心快從嘴巴裡跳出來，而且一直幻想會有情治人員從教室門口衝進來把我帶走。那是在尚未解嚴的時代出生的我從小帶著的政治記憶。下課後，我忍不住問學生：「你們會不會覺得老師是台獨分子？會不會覺得今天的課很無趣？很沈重？」同學說：「不會呀，今天上得很爽。終於上到跟現在比較有關的東西了！」

正是如此！正是如此！上課前，我跟認識的老師說：「我很緊張，因為我覺得人人心中都有個小警總。」卻原來，小警總根本不在學生心裡，而是在後威權時代長大的我們心裡。放下心中的小警總吧！事情根本沒有想像中那麼嚴重。

如果我們相信「人」具有獨立思考的能力，也許就該多相信學生一點。學生不是腦袋空空的白痴，老師塞什麼就吃什麼，他們應該有自主學習判斷的能力。如果學生受到了老師的影響，那是正常的，因為學生是人，老師也是人，人與人的互動本來就會出現質變，溝通不是單向的，當我們教授社會科的時候，會創造出大於課堂學習之外的「什麼」，本來就是可欲卻而不可預期的花火。

人文學科也是一樣的。我們的國文課本內所挑選的文章，文化基本教材內容的選擇，不也是在進行教養的工作嗎？高等教育也是會教出鄭捷，納粹時代也能看到人性的光輝，君主專制時代都還會出現孫中山呢！過度自我審查自己將要教學的內容，或過度積極地在課程中摻和教師的價值，也許都沒有必要。把自己當做人，把學生也當做平等的人，用人與人之間正常的互動方式來真誠地互動，不刻意造做地遮掩自己的價值觀，卻也能接受學生會有他們自己的價值觀，才是最好的解答。把人當人看——這句話雖然非常類似某人曾鬧出的笑話，但這的確是我近年來的體悟。

找到自己的tone調

以前我讀書時，重視的是知識的骨架，細節都被我當做無用的垃圾丟棄。在升學壓力之下，我希望能用最有效率的方式獲得最精華的內容，不要「浪費時間」，所以我不太喜歡做實驗、看影片或是用投影片上課。開始教書後，我也秉持一貫的作法，把課程精華濃縮成板書，在一面面黑板上全部告訴學生。我最怕的不是教不完，而是教太快，我把「無關緊要」的廢話都踢除掉了，只要學好黑板上的東西就好了，夠有效率了吧？

奇怪的是，學生反而學得不太好。當時我們團隊有一個訓練，每個禮拜都要教給師傅跟師兄弟們看。當時他們對我的評語就是：「**跟妳上課好像研究所在瞇挺，好累，還來不及吸收一下，緩衝一下，下一個觀念又來了。**」

我剛開始很直接地認為，自己的授課之所以缺乏吸引力，完全是因為我「不好笑」，我以為所謂的緩衝，就是講笑話，所以我開始背笑話，背師父們上課用的笑話，電視上看到的笑話，BBS站上的笑話，查來的笑話。結果把自己搞得四不像。

王飛老師英文腔調很怪，學生覺得他說英文很好笑，我就去學他的台式英文發音，結果王飛老師說：「**妳講這種笑話，就像在豪宅裡看到早該被淘汰的黑白電視機，真的很奇怪。**」

沈揚老師上課前會分享一些讀書技巧，我就學他在課前要學生多吃多睡，結果還沒正式開始上課，學生就想睡了。

因為自己不夠好笑，還數度懷疑自己不適合教書。我明明是個嚴肅的人，卻硬要把自己裝成一個輕鬆好笑的人，沒有多久，我就開始痛苦地自問：「難道我是小丑嗎？」

為了這樣的困擾，我詢問了許多前輩，答案幾乎都是一樣的：「找到妳自己的tone調。」團隊裡的張良老師甚至介紹我去看一部日劇——《虎與龍》，是關於一個忘記怎麼笑，卻迷上單口相聲，有悲慘過去卻想逗人開心的主角的故事。雖然日劇很好看，當時卻覺得張良老師害我浪費時間看了這部連續劇，卻還是沒學會怎麼搞笑啊！

我慢慢地把課上穩後，才能慢慢回頭來體會老師們的意思。不管是「自己的tone調」或是《虎與龍》，老師們想提醒我的，無非是「不要刻意」。如果我本來就不是個搞笑的人，硬要搞笑，學生也看得出來，這種刻意的討好，或是刻意把課程安排地像是在講笑話一樣，根本不可取。第一，根本是瞧不起學生，覺得學生也只有這麼一點程度，所以用這些花招就可以取巧地迷惑學生。第二，學生會瞧不起你，學生會感覺到老師所教授的知識原來只是可以隨便亂來的工具，沒什麼了不起。學生對老師的尊敬也會蕩然無存。當然不是說學生一定要多麼畢恭畢敬地看待老師，而是，人與人之間的相處就是這樣，如果有人會刻意討好對方，久而久之，討好的一方與被討好的一方，會有權力上的不對等關係，在補習班，學生會開始覺得我是花錢的大爺，老師是來服務我的。

把心力放在搞笑，一不小心就會忘記真正重要的東西。當我每次上課都花上大把時間搜尋笑話的時候，就沒有辦法專注於課程內容，我來教社會科的目的明明是要把社會科學式的思考方式傳達給學生，可是在有趣的追求下，會不小心把有趣放在這樣的初衷之上，成為一個真正的教書匠。

這樣的教學是沒有辦法感動人的。

在我累積了足夠的經驗，開始把課上穩，不再因為學生的反應而患得患失後，我才慢慢地有更多的心力去做生活與教學的結合，有趣的是，當我開始把這些東西找回來，跟學生分享的時候，學生的眼睛亮了。

二〇一二年反媒體壟斷運動如火如荼地開展時，我嘗試著在比較熟悉的補習班，在公民科政治學課堂的第二節課，講解完中央政府的分權制度後，花一個小時的時間來談談當時的社會運動，效果非常好，沒有任何一個學生不專心。於是我發現，當我真心誠意地把我最重視的東西跟學生分享時，學生感受到老師的熱情，反而會想聽聽看老師到底在說什麼。那天下課前響起的掌聲，還有補習班導師在學生畢業後傳給我訊息「老師有用心，學生都感受得到」，好像讓我又更明白了一些什麼。

實例分享——在補習班談學生運動？可能嗎？

二〇一二年十二月七日，我在汐止地區的補習班進行一個小時的補充課程，內容是關於「學生運動」的討論。時值「反媒體壟斷」運動在公平交易委員會抗議後一週，我盡量使用課堂錄音的逐字稿，刪除冗言贅字，以及求證後錯誤的資訊。**我的目標，是能讓社會科課程發揮它應有的社會影響力，以求培養出更具有公民意識的下一代。**這是我在社會科教學的新試驗，與大家分享。

①播放〈六四是怎麼一回事〉影片

你們看我今天穿得這樣子對不對（野莓學運時工作人員發放的打狗戰隊T-shirt），我今天要跟你們談的東西叫做學運。什麼叫做學運呢？學運就是指以學生為主體的運動。以學生為主體的社會運動叫做學運。在台灣跟世界的歷史過程之中，學運是一個非常重要的社會運動喔，包括美國在六〇年代的反戰風潮，然後歐洲在六八年也有一連串的學生運動，但是他們的學生運動跟台灣的完全不一樣。台灣我們今天講到學生運動我們想到的可能就是野百合對不對？可是野百合學運相對來說是一個比較溫和的也比較和平的，為什麼呢？因為野百合運動其實剛好是在六四之後，所以當時的政府為了彰顯我們跟中國大陸不一樣，所以當時野百合的訴求大部分都實現了。

台灣的學運他的主要的追溯呢，可以一直追溯到六〇年代的保護釣魚台，叫保釣運動。原本釣魚台列嶼在馬關條約之後被割讓給了日本，結果後來在二戰之後由美國暫時管轄，管轄之後在民國六十年他把它歸還給了日本，所以當時在中國大陸在台灣都有保護釣魚台運動，就是認為台灣應該擁有釣魚台的主權。結果也就從保釣運動開始開啟了台灣新一波的社會運動，因為在保釣運動之前，台灣幾乎沒有什麼重要的社會運動，有也不見了，最早是因為民國三十六年的二二八事件，你們學過，所以台灣人不敢講話，後來是民國四十九年的雷震案件，所以外省人也不敢講話了，要一直到民國六十年代。

為什麼它是從學生開始？因為學生沒有感受過前面的那一波，要到第二代，他們在台灣出生長大，或是來台灣的第二代，他們的下一代，沒有感受過二二八的，沒有感受過雷震案的，就是學生，要到他們出現了之後，新一波的社會運動才會開始。

從野百合運動，到美麗島事件，一連串的政治社會運動，學生一直是衝在前面的，那甚至到了野百合運動非常地重要，因為呢，野百合運動讓台灣解除了動員戡亂時期臨時條款。

② 講解野百合學運

你們還記得我們以前教的東西嗎？動員戡亂時期臨時條款跟戒嚴法，是當時最主要的威權時期的兩個法律，因為學運的關係，動員戡亂時期臨時條款可以廢除，台灣的憲政體制可以走向合理化，對不對？回歸憲政體制嘛！甚至後來學生還有廢除刑法一百條。記得什麼是刑法一百條嗎？他就讓你什麼事都不敢做，因為你只要想要想一想，他是思想犯罪，你用想的都不行。

在野百合之後呢？台灣感覺好像已經民主化了，那這些學生的力氣就開始分散到不同的社會領域，包括環保運動、婦女運動、原住民運動等等，都是那個時候一連串的運動，就出來了。

③分享翁山蘇姬的名言

翁山蘇姬曾經說過一句話喔，她說：「大學生當然會製造麻煩，但這是一種好的麻煩。而我們有責任去教導他們，如何去複製這種好的麻煩。」

（她是誰？）

（泰國……）

緬甸啦！諾貝爾和平獎得主，曾經被緬甸軍政府囚禁幾十年，有一部電影就在說她。翁山蘇姬曾經說過，「大學生當然會製造麻煩，但這是一種好的麻煩。

而我們有責任去教導他們，如何去複製這種好的麻煩。」你會發現學生在這個時代之中，在整個社會當中，他是一個非常特別的群體，因為學生還沒有進入社會，所以你看我們上課都在上什麼？我們剛剛上課在上什麼？總統制、內閣制，我們在上三權分立，我們在上的是五院制度，我們教你們這些東西，你們會不會覺得這些東西他應該要被落實？所以學生是最有理想性的，所以學生不會願意去妥協。

那在台灣這一連串的社會運動，他就匯流到了不一樣的，包括原住民運動啊、農民運動啊、土地運動啊、性別運動啊、環境運動裡面，那一直到比較大規模的學運呢，要到我也有參加的這次，叫做野草莓學運。

那野草莓學運之前其實我有參加過一些抗議運動，但是我一直以為，我以前對於抗議的想法喔，比如我以前參加過樂生療養院，它是台灣的漢生病，就是所謂的痲瘋病。

（喔～）

（喔～）

（痲瘋病是什麼？）

你的身體會長得很奇怪，有一些地方會被截肢。然後，以前以為痲瘋病會傳染，所以日治時代，只要你發病了，你就會被強制抓走，然後丟到樂生療養院裡面。目前全世界只剩下兩個這樣子的療養院，裡面還有住一些八九十歲的阿公阿嬤，就有人說要申請世界文化遺產，然後也有人說不用拆樂生療養院樂生就可以通車。比如說我以前參加這樣子的遊行，然後我一直覺得這是訴求的表達，所以我覺得我以前對於遊行的想法是非常天真的，我們國家有一個這樣的公民權，然後他叫做你的言論自由，你可以上街頭，然後一堆人拿著標語去抗議，所以我以前一直以為那是一個百花齊放，是一個溝通的場合。等到我參加野草莓以後我才發現我真的想太多了，真的是，應該是說太過於天真了。

④分享野草莓學運

你們看我今天穿這個衣服對不對？

（打狗戰隊。）

那時候陳雲林來到台灣的時候，二〇〇八年，其實是四年前，陳雲林到台灣的時候，你們還記得那時候發生什麼事情嗎？

（不記得？）

有人拿著國旗被搶走，還有那個揹雪山獅子旗的被搶走，然後手指就……因為在跟警察搶奪國旗的過程當中，手指就斷了。所以你看他是食指，然後寫個人權。然後還有另外一個，是上揚唱片他是一個專門在賣台灣歌曲的唱片，他們當時在播放台灣歌曲，有一些民眾很開心就跑到唱片店裡面跳舞，結果警察就衝到唱片店裡面，把鐵門拉下來，那這件事情讓很多人覺得不能接受。

（為什麼啊？那他們怎麼辦？）

今天有一個東西叫做言論自由，那你憑什麼把人家鐵門拉下來嘛？所以接下來那一天我看到這個行動，我們立刻就去了。這個行動讓我發現原來抗議不是這麼開心的事情？我以前遇到的行動不是這樣的，我第一次遇到一個政府完全不理你的，而且它拿著一堆國家機器（註三）面對你跟對付你。

（國家機器？）

對，比如說警察。我們今天就來看一下在行政院前面被強制驅離的畫面。然後這個行動你看他的訴求裡面基本上沒有一個是成功的。

（真的喔？）

第一個就是總統應該要道歉，針對那個維安過當，還有行政院長要道歉，然後警政署長、國安局長，針對維安過當要下台也沒有成功，然後修改集遊法也沒有成功。（註四）所以有時候從他的結局來看你會覺得這個學運好像失敗了，後來這個學運在行政院被扛走之後，跑到自由廣場上住了一個月，每天都在那邊，它一個月之後，十二月七號辦了一個大遊行，大概有三千多個人參與了這個遊行。

這個運動看起來好像是失敗的，可是它最棒的地方在於它栽培了一群學生，然後呢這一些學生他可能就回到了校園，比如說我們在清大就組織了頭前溪社，成大就有所謂的零貳社（註五），台大本來就有很多的異議性社團。然後這些社團就開始去關注許多其他的事情，包括在後面的運動裡面，包括哪一些呢？你們還記得士林王家文林苑吧？大埔農地吧？還記得反美麗灣吧？華隆工會罷工記得嗎？這一些運動都變成了一個能量，一個經驗，然後很多的學生，他們就是原本參加野草莓的學生，然後開始參加了很多不一樣的學運，然後越來越聰明，然後越來越有行動力，所以他們的訴求就越來越容易達成。比如說，華隆工會的罷工行動最後拿到了幾乎九成的退休金，全部都拿到手了。其實我今天會來教書跟這個也有很大的關係，因為我以前唸社會學，我總覺得這些東西離我很遙遠，然後我總覺得我們做的題目是一些很軟的題目。

（軟？）

就是我們可能去探討一些題目比如說文化是什麼，然後寫起來很漂亮的題目，並沒有去碰觸到一些社會最衝突的地方。參與野草莓之後我開始注意到，我的理論跟我的實踐中間需要有一些結合，所以我那時候做過很多事情，比如說我曾經試過去當記者。

（記者？）

對。所以我曾經試過去幫消基會當特約記者，然後我也幫台大科學教育發展中心寫過部落格文章。然後我也試過去 NGO。

（NGO 是什麼？）

非政府組織，我去婦女新知基金會當過實習生，但是後來我發現，這些事情裡面我做得比較適合的，而且他的影響力比較大的，可能就是教書。

所以我覺得這些東西他就是一個啟蒙，他可能只是一件小事情，你可能就是一個旁邊看看的人，但是你慢慢地就會想要越了解越多。

（坦克人好像也是在旁邊看。）

對，比如說我們看到坦克人我們會很感動，就是這個樣子，我們不會覺得他是交通安全宣導。

所以我要講的就是說，我們看到野百合的成功，野草莓的失敗，然後看到他們轉入不同領域，然後我們看到學運他不是一件就是去路上野餐這件事情。那最近你們知道台灣社會正在發生一件事情叫做反旺中嗎？

（我知道。）

⑤ 分享反媒體壟斷運動

為什麼？

（因為壟斷啊！）

旺旺回台灣之後他先買中時，買了中時之後又買了中視跟中天。那其實媒體壟斷這個事情從以前就一直有人在提，可是永遠都是少數人在關注，因為我們覺得這些東西好像都離我們很遙遠，可是呢！因為當時這個活動發展到後面，就是要告學生啊，誣陷人家是走路工啊什麼的，然後就有很多人他們就注意到這個事情，然後學生就真的動員起來了。

因為我們接受到資訊的管道，常常就是媒體而來的，因為不是每個人都像我們一樣會上臉書。尤其是你們的爸爸媽媽，可能連現在在學運都不知道。在這一波的行動裡面，要簽約的那一天，大家就跑到行政院前面去守夜，守夜就希望簽約不要通過，但是隔天還是過了，過了之後，因為它還要經過一些委員會，所以禮拜四的時候，就是動員學生聚集到公平交易委員會。

那一天呢就是有一些人，有一個講台，然後每一個人，只要你是公民，都可以上去講話。

⑥播放反媒體壟斷現場影片

好，很嗨吧！你們覺得他今天講的東西有超過我們今天講的範圍嗎？

（NONO）

他今天講的東西我們不是早就知道了嗎？我們在上政治學的時候我不是就告訴你什麼是憲法，我們不就告訴你國家是人民的嗎？可是我們的政府他們需要人民監督，這就是為什麼我們的權力要分成行政權立法權司法權，就是這個樣子。

但是我今天給你們看這個東西呢，不是跟你們說你們現在就要上街頭抗議，然後也不是告訴你們說，遇到什麼你們覺得不公平，遇到什麼你們覺得不合理的東西，然後你們就要立刻用非常激烈的方式，體制外的方式，去改變這一切的事情，因為，通常會走到上街頭的這一步，代表你已經沒有其他的路可以走了。

有一個人叫做甘地，還記得這個人吧？他說過一句話：「你的行動或許沒有意義，但你還是非做不可，這不是為了改變世界，而是為了讓你成為不要被世界改變的那個人。」

甘地當年做的不抵抗不合作運動，就是類似的事情，靜坐抗議，甘地發明的，後面的那個圖片，很多人對不對？這個是香港反國教的那一天，香港有十二萬人上街頭。

（香港也在反十二年國教？）

他們不是反十二年國教，他們反對的是國民教育科，就是中共要在香港實施一個國民教育科，裡面充滿了我們要愛國這樣的東西。

（喔！那是洗腦！）

重點是，什麼叫做媒體壟斷？這個是十二萬人上街頭隔天，香港的報紙都被買下來，上面寫香港要穩定，香港要發展。只有蘋果日報把這個事情爆出來，當你看到這個東西的時候，你不只感覺到媒體不是站在你那邊的，你感覺到的是你被威脅了。你看右邊，這個就是學生在行政院前面抗議的那一天，台灣的報紙的頭條，全部都是，你看，只有蘋果日報報出這個。所以你說，媒體壟斷重不重要？這個就是媒體壟斷。

可是回到我們剛剛的議題。學運是什麼？學運永遠衝在時代的前面，這是我認為，但是他有時候衝得太過了，他有時候會讓你覺得有點難接受。比如有些人認為不應該有通姦罪，這個就是比較激進的議題嘛。

所以有些時候這些不同不同的議題，我們叫做社會運動的東西，他有時候讓你覺得社會好亂喔！他有時候讓你覺得「哇！這些人怎麼這樣子？怎麼想的這些東西很奇怪耶！」好，我想講的是說，當我們看到這些不同的議題的時候，我不是跟你說你現在立刻就要上街抗議，或是你一定要贊成這個議題，你當然可以說老師我覺得你錯了，老師我覺得蔡衍明根本沒有壟斷，我覺得你們為什麼要這樣子去想別人呢？你們這樣太邪惡了！你可以告訴我嘛！但是重點是，你要讓我有講的機會你也有講的機會啊。這樣聽得懂嗎？這樣才叫做言論自由嘛！

可是我們現在看到的是什麼？我們的媒體報的是什麼？我們看到的是剛剛那張照片，我們的媒體報的是什麼？他們不敢報，這個就叫做寒蟬效應嘛！

當然你去搞學運你可以說，因為常常他的確是很多地方是不合法的，所以你的確有很多地方要跟體制去衝撞。但是我希望大家以後看到，當你看到這個東西的時候，看到有人又坐在那邊抗議的時候，也許他不是學生，也許他是個工人，你不要走過去就唉噁又來了製造社會亂源了。如果他今天可以在家裡睡覺他不會想要坐在那邊。所以第一件事情就是，我希望大家今天以後，看到這樣的行動的第一件事情，先去……

（坐下來？）

不用坐下來，你要去想一想，第一個你要先知道他為什麼會坐在那邊，我覺得這是最重要的，就是你要去知道他為什麼會被逼到這一條路。然後再來第二步，就是至少你不要去……你們知道之前有一個抱著女兒要跳天橋的那一個，他就是因為他女兒一直沒辦法入學，可是所有人看到那個新聞就說『**啊這個不會跳啦！用女兒當什麼……**』你不要去講這種話，這是第二步，就是你至少不要去說風涼話。因為通常我們講說『**啊這個就是製造社會亂源。**』好，那這件事情就結束了嗎？那他坐在那邊到底是為什麼我們不知道啊！然後我們好像就用一句話『**啊這個就是非法的**』或是『**你就是沒有禮貌**』，就是這個樣子我們就把這件事情結束了，我們並沒有真正去解決這個問題啊！我們只是拒絕了他講話的機會，這樣聽得懂嗎？所以第一步，大家要去想為什麼他會坐在那裡，第二步，大家，希望你們可以，就是，就是至少不要講風涼話，第三步，如果你真的了解了他的訴求，你也覺得他說的是你可以接受的事情的話……

（就坐下來？）

你不一定要坐下來你也可以去發發文啦！那如果你真的敢的話你也可以去坐下來，不過要小心自己的安全，也要小心觸法。然後第四步，以後如果你遇到任何一個被欺負的時候，比如說你是工人，你的老闆不給你退休金的時候，你要知道，你有一些管道，當你連所有體制內的管道都沒有機會的時候，你要知道有一些人還會願意跟你一起坐在行政院的前面，所以希望大家可以對這個行動更寬容一點。

這樣的行動，就是我們目前還在進行的反媒體巨獸的行動，還在進行當中，之前的野草莓好像失敗了，可是學生學到了更多運作的方式，尤其是在臉書上，所以很多人透過臉書看到了訊息，目前是在拍照片嘛，你們回去看，就是「我是學生，我在哪裡……」或是「我反媒體巨獸，我在哪裡守護台灣……」然後就有全世界的照片來，有人就透過這些照片剪了一首歌。所以，這個行動他有達到一個成果，比如說除了國民黨黨團以外，立法院的其他黨團都簽署了同意書，會在立法院提案反壟斷，公平交易委員會也承諾會審查。

所以，就像我上歷史還有我上公民，還有我們今天上了這麼多東西，民主這種東西，我們學了這麼多理論，這個東西他並不是天上掉下來的。他隨時都需要被守護，我們都覺得它很驕傲，我們都對它很驕傲，我們都覺得它很珍貴，然後大家都要知道，就是，我現在做的事情就像當年野百合傳承時代到我們身上嘛，我當然不能說我到你們身上是一個不一樣的時代啦！但我覺得我今天也在做一個啟蒙跟一個傳承，所以希望大家都是能夠勇敢一點，然後守護它。

我們今天就上到這裡。

什麼樣的老師才是稱職的老師

本書的討論已經逼近終點，在這一個部分中，我一開始想探討的主題是：什麼樣的老師才是好老師？沒想到，整理過我近年來在補習班與學校的教學經驗後，我很訝異地發現，我的答案竟然是：沒有。好老師是沒有標準的，老師只要

能稱職地扮演他的角色，都是好老師。

從我開始教書以來，對於成為一個老師的想法，經過許多次的打破與重建。一開始的時候，我希望能成為一個「新」派的老師，能使用跟傳統不同的教學方法，並且把我在高等教育所學的社會科學知識融合在教學內。結果，學生對於我所教的理論知識感到困惑，對於我的教學方式感覺無聊。於是我開始模仿團隊裡的老師們授課的方式。一開始，我認為我的失敗在於「不好笑」，所以花了許多的時間「練習」搞笑，我必須花跟授課時間一樣多甚至雙倍的時間來備課，因為我必須把我要教的內容，還有我要串場的笑話，全部都排列組合並且「背」下來。學生其實會感覺到我在假裝，我在「背」，所以學生對於我的表演抱持著冷眼旁觀的態度，他們不想加入我的表演，很難融入。徐偉老師在這個時期跟我說過很多次：「**我不需要徒弟很會說笑話，重點是基本的教學，該教的有教到，不可以教錯。**」後來，在幾次教學實驗中，學生的回饋給了我很大的信心。教書的第一個學期，我進行「**寫信給行政院長**」的活動（下一章將分享），第二個學期，我進行「**做一件對社會有幫助的事情**」，同一個學期，我給學生看紀錄片，並進行題為「**社會可能改變嗎？**」的演講課程，分享近年來台灣社會的民主化進程，以及我參與社運的經驗，還有我自己的成長經驗，尤其是對於我自己選擇校系的過程中，與父母長輩的衝突與溝通過程。這些分享過程中，許多學生給我回饋，分享他們遇到的家庭與生涯困難給我。同一個學期，我也在高中部進行經濟議題辯論比賽。接下來的一個學期，我進行「**歷史外的西藏與新疆**」分享，(註六)學期末，在反媒體壟斷如火如荼進行的同時，我也跟學生分享我對於社會運動的想法（如上一個小節所述）。下學期，我則在學生畢業前，請學生集體創作一則話劇，題目是〈**美麗新世界之後**〉。

我的教學生涯開始得很早，直到現在都仍在執教。可是我專職在教書的時間其實也就在我碩士畢業到博士入學中間的這兩年。在這兩年間，我花費許多時間與精力，思考許多與學生互動與共同創作的教學活動，這些活動有些相當成功，有些則失敗，有時候活動在這個班級是成功的，在下一個班級卻失敗了，有時候活動在這個時間點會成功，在下一個時間點卻會失敗。

比方說，在國中生考完畢業考到段考前進行的活動，不能讓學生花費太多的心力，因為這個時候學生雖然還沒放假，但他們已經在過放假生活了！我的〈**美麗新世界之後**〉話劇在三個班級進行，只有一個班級進行到寫出劇本的過程，其他兩個班級選出導演與演員後，就沒有下文了。但我透過演講與看紀錄片的方式進行的「**社會可能改變嗎？**」分享活動，就成功地吸引到學生的注意力與回饋。在段考前進行的活動注定失敗，我曾在高中期末考前進行數個經濟議題的辯論活動，結果相當失敗，辯論進行中，學生都還拿著書本在K書，同時間進行「**做一件對社會有益的事**」，學生也大部份打混了事，用演戲表演扶老奶奶過馬路的方式，或者上課前到便利商店捐出發票或零錢，就當作完成作業。只有一個班的學生非常地積極，有小組到海邊進行淨灘活動，有小組到流浪動物之家照顧動物，有小組到萬芳收留愛滋寶寶的關愛之家照顧小朋友，有小組到慈濟進行資源回收工作，也有小組在自己的社區進行公共環境打掃。如果我當時能夠將活動進行的時間拉到第一次段考後，成果一定會非常地不同。

這些成功或者失敗的經驗，跟我的教學經驗一樣，在多次的累積後，慢慢地，我放下了心裡的標準。因為我發現，一樣的教學活動，在不同的群體身上會有不同的效果，一樣的教學內容，在不同的主任眼裡，有的認為我教得很好，有的也會要求換老師，甚至有主任只因為我在講解八年抗戰時，跟學生說：「我覺得四行倉庫打仗打到一半要升旗這件事情很蠢。」就被撤換，還有人說我的聲音太尖銳不適合教書。如果我為了學生的眼光，這邊也改那邊也改，那麼很快我會失去我會變得不像我自己，不知道該如何是好。我每一年會碰到上百甚至上千個學生，學生一生中也會遇到無數個老師，在這個過程裡，我們都在互相配合。

上一個部分我們一直提醒，不要為學生貼標籤，好學生壞學生是沒有標準的，只有適合的教學。這樣的想法當然也適用於老師的身上，為了跟學生能達成更好的溝通，我一直努力學習使用學生聽得懂的語言，但學生當然也有可以努力的地方，而不是把教學的成敗都丟回老師的身上。一個適當的教學，是老師配合學生，學生也配合老師，它不可能是單方面的，重點是師生之間，教與學之間的關係。

曾有一個家教老師跟我說，一個好的家教老師是沒有一定的角色扮演的，如果學生需要嚴厲的老師就給他嚴厲的老師，如果學生需要鼓勵就給他鼓勵，有的學生就是要用罵的才會聽，有的學生就是不能罵，罵了就再也教不下去了，而家教老師必須得觀察學生提供適當的教學，這是在一對一的狀況之下。大部分的時候，老師面對很多學生，學生也會遇見很多不一樣的老師，難道在不是一對一的情況下，就無法進行優質的教學了嗎？當然不可能是這樣的。

從小到大我們的學習生涯裡，遇到過那麼多的老師，我相信，盤點起來，大部分的老師我們都仍然肯定他是個好老師，我們的學習生涯中，只有非常少數的老師，我們會判定為不合格的老師。而我同樣相信，在這些「好老師」當中，每個老師的教學方式大相逕庭，一定有非常嚴厲的老師，也有非常好笑的老師，有照本宣科的老師，也會有完全不照課本教書的老師，有作業很多的老師，也有活動很多的老師，這麼多不一樣的教學風格，我們都判定他為「好老師」，這不正好說明了，即使在大班教學當中，即使在不同的教學風格中，只要老師與學生可以互相配合，就能造就「稱職」的老師？

日劇《女王教室》當中，除了嚴厲的阿久津老師外，也有和藹可親的天童老師，當天童老師看到阿久津老師的教學成效而感到自我懷疑時，女主角跟她說：「**不做老師也可以是朋友。**」即使是像朋友一樣的相處，學生也是能學到東西的吧？如果老師可以把自己該傳授給學生的知識好好地傳授下去的話，即使是用一種當朋友的方式又有什麼不好呢？當然這句話的前提是，老師真的可以把自己該教的內容教好，這也是一個老師之所以稱之為「老師」，最基本的任務。

在我們人生的不同階段裡，多多少少，我們都會扮演「老師」的角色。有時候我們是哥哥姊姊，有時候，我們是學長學姊，有時候，我們也可能是爸爸媽媽。而本書這個部分的實作練習就是：**當我們扮演老師的角色的時候，不要太過於執著於老師該有的樣子**，也不用太過於自我要求，因為，沒有一套普遍的好老師的標準，只要能將自己想傳授的知識傳授下去，就是稱職的老師，父母教育小孩如是。同時，對於老師可能對學生造成的影響，必須要有自覺，卻也不必過度自我設限。因為，學生是有思考能力的主體，他們的生活中，已經接觸到了許多不一樣的價值觀，而老師所傳達的價值觀，也只是其中的一種價值觀而已。希望進行全然無價值觀的教學是不可能的，有些價值觀甚至是明文寫在課程大綱上的，例如民主，例如自由，例如人權，老師一定會有價值觀，這些價值觀也一定會直接或間接傳達到孩子的身上，而老師應有的自覺是，承認自己是有價值觀的，並察覺到自己的價值觀，然後，接受自己的價值觀也只是社會上眾多的價值觀其中的一種而已，學生也許會有不同的觀點，而我們也願意以身教來傳達「寬容」的精神，父母教育小孩如是。最後，身為家長，當子女遇到不同的老師時，請不要急著評價老師，或判斷這個老師適合或者不適合自己的小孩，因為，良好的教與學關係是配合，它需要學生、老師與家長共同來培養。

【註一】學者赫緒曼（Albert Hirschman）在《反動的修辭》一書中指出，有一種修辭方式，表面上同意你的價值觀或政策目的，卻指出會有各種反作用力使得你的主張收效甚微、無效或產生危害。

【註二】轉貼自網路資源：https://www.ptt.cc/bbs/Sociology/M.1271851846.A.61B.html（2014/08/01）

【註三】在馬克思主義的政治術語中，認為國家是由宰治階級掌握，為了統治被統治階級，建立法律、制度、機構、軍隊、警察等機關。

【註四】本堂課程之後沒多久，於一〇三年三月二十一日，大法官宣布集遊法申請許可規定未排除緊急性及偶發性集會遊行部分違反比例原則，可說是野草莓運動部分成果。

【註五】後來在三一八佔領立法院行動中大放異彩的陳為廷、林飛帆就分別參與過頭前溪社與零貳社的運作。

【註六】本次教學活動已整理成文，在《想想論壇》上發表為〈歷史外的西藏與新疆〉一文。

第四部分：不被打敗的父母

比起過去，這個年代的父母越來越不容易，一方面，配合學校的教學似乎已經成為父母當之無愧的責任，另一方面，教育內容與升學方式的改變實在太大，父母對於學校教育感到疏離、不熟悉。現在的父母，面對不熟悉的課程以及暴增的要求，要如何才能不被教育打敗？

為難的教育，難為的父母

以前讀書時，我常覺得教育會出問題，一定是學校出了問題，學校老師出了問題。當年教改剛開始的時候，大家都把矛頭指向老師，覺得學生之所以學不好的原因，都是因為老師沒有足夠的耐心，老師把學生的成績當做自己的業績，老師只重視前段的學生，老師只想要安穩退休所以不願意多付出，這些長期佔據輿論版面的偏見一直根深蒂固地種在我們的心裡。直到我畢業後，到公立中學擔任兼課老師兩年的時間，我第一次以同事的眼光，親眼看到老師工作的艱辛，才發覺過去的那些偏見，對老師們的傷害有多麼地大。

其實學校老師們對於教育所抱持的熱情與期望，以及他們自覺承擔的責任，遠遠地超過我們所想像，可是，教育體系與家長們對老師的要求太多，老師得在夾縫中求生存。上層說要正常教學，家長說老師都不願意為我的孩子多付出一點。上層說要解除髮禁，家長說學生頭髮染成那樣都不管一管。上層說要對話式教學，家長說我的孩子要考上建中北一女。老師兩面都不是人。

願意留學生下來輔導學生的，拿不到一毛錢的報酬，還被警告「學生晚回家如果出事你就完了」。嚴格檢查學生服裝儀容的，被學生討厭，家長打電話到教務處抱怨，影響老師的考績。抓學生在校門口抽煙的教官被學生打，校長還私下請教官息事寧人。這一類的故事在教育圈層出不窮，老師們彼此口耳相傳，到最後，乾脆把自己當做上班族，正常上下班，保護自己，學生不出事就好，少管「閒事」，然後社會輿論又因此抨擊老師保守又缺乏教育熱情。

老師已經跟醫生一樣動輒得咎，在這個告醫生跟告老師一樣頻繁的年代，莫怪乎滿心教育熱情的新手老師們進入學校任教幾年後，便成一灘死灰。

家長也有滿腹委屈。

工作環境崩壞的結果，就是工時加長，雙薪家庭成為主流，每個人的時間都被老闆包走了，能留給家庭的時間就少了。偏偏學校對於家長的要求卻是越來越多，在子女教育這一回事情上，標準越來越高，教養越來越困難。尤其是，經過教改後，一種新型態的教育哲學漸漸成為主流。過去，我們的父母教育我們的方式被批評為權威、扼殺孩子的創意、扭曲孩子的天性，另一種強調平等與對話的教養方式崛起。

但，平等與對話並不是每一個人的天賦，它們是需要學習的，在成長過程中缺乏平等與對話的家長們，又得重新學習給予自己的小孩平等與對話。好友銘芳就曾經分享：「**我媽媽教養我哥的時候跟我哥起了很多衝突，我哥一回家吃完飯，我媽就要他回房間讀書，可是我媽媽自己平時也沒什麼讀書的習慣，如果爸媽自己都是一回家就看電視，小孩怎麼會懂。**」這段話出現的脈絡，並不是討論身教重於言教，更不是要求父母不能看電視，而是我們意識到：**我們現在對於父母的一些要求，其實是與父母自己的經驗斷裂的。**而其中，最具有代表性的斷裂經驗就是「體罰」。

上一輩的家長多少都有被體罰的經驗，我們這一代人成長經驗中，大多數也有被體罰的經驗，而現在，經過媒體的報導與傳播，體罰被認為是不適當的教養方式。我們要求老師與父母對孩子「講道理」，可是我們沒有教他們：**「如果道理講不聽怎麼辦？」**講道理事實上要求一種更精緻化、更理性、更合邏輯的說話方式，而這種能力是需要培養的，或者，它也需要一點天賦。於是，許多家長會發現：**我渴望說理，可是我說不過孩子，我要教養小孩，可是我缺乏工具，怎麼辦？**

通常，文化資本較高的家長比較能精準地掌握「說理」與「教養」兩者間的平衡，而且，小孩的表現（最容易被辨識的還是學業表現）也會影響他人對於教養成功與否的評價。結果，說理式教養通常表現為「高知識程度的家長」與「成績優異的小孩」之間的配對，於是，它獲得了更多的追捧。

無法符應此配對的親子關係，不是父母陷入說理或權威、友伴或威嚴之間的矛盾，就是小孩陷入被評價為「有想法」或「不禮貌」，「小大人」或「沒教養」的兩難。許多父母懷疑自己，如果我太跟子女講平等，子女會不會沒大沒小？如果太嚴厲地教育小孩，小孩是不是又會顯得畏畏縮縮？前者常常被重視學科教育的台灣人視為不負責任，後者的勤管嚴教又被指為「虎爸」或「虎媽」。在這些互相矛盾的要求與壓力下，老師與家長們若不想被打敗，到底還可以怎麼做？

接下來，我會提出幾個可行的方法，雖然對話對象看似是家長，但我希望不只把它們分享給老師或家長，也把他們分享給每一個人。在我們的人生路途中，總是有機會與小朋友接觸，作為哥哥姊姊、學長學姊、家教老師、老師，或爸媽的時候，如果您看到這裡還沒放下書，並且願意嘗試看看的話，也許以下的嘗試，可以播下一顆顆小小的種籽呢！

第一顆種籽：給孩子「為自己負責」的空間

家長當然愛孩子，恨不得一輩子為孩子擋風避雨。但，再怎麼樣，我們都無法改變一個事實：**無論如何，我們都無法無時無刻的照顧孩子一輩子**。孩子藉著父母的身體出身，卻有他自己的人生，我們只能陪他們走一段路，卻無法為孩子負責一生——只有他們自己才可以。如果家長們能認識到，孩子與自己是不同的個體，有各自的功課要學習，如果我們甚麼事情都幫小孩安排好，決定好，幫小孩做了他們自己應該做的功課，就剝奪了孩子自己學習的機會。孩子長大以後，當他們需要自己做決定，而且這些決定往往影響重大的時候，缺乏練習的孩子，也許，很難學會自主判斷與為自己負責。

我們常常稱這樣的小孩「媽寶」。媽寶最可怕的，不是任何事情都要找爸媽，而是這些小孩習慣性的把思考、選擇以及最重要的——**負責**——都丟給爸媽，結果長大後成為一個無法獨立生活的成人。媽寶們對自己都無法負責了，更不用說對別人負責，對老闆、或者對未來的另一半負責，結果常常把自己跟別人的人生搞得一團糟。

如果不希望自己的小孩未來會變成媽寶，那麼，也許在國高中時期，可以開始試著相信自己的小孩，讓他們開始有些「為自己負責」的空間。很多爸媽很難放手，他們會說：「如果我不……我的小孩會……」只要關於小孩的事情，他們都抓得牢牢地，把自己累得夠嗆——有的時候，小孩不是學不會，而是沒有機會學。也許，培養出不被打敗的孩子的第一顆種籽，就是給孩子空間，讓他們學會為自己負責吧！

第二顆種籽：讓孩子練習思考

我們常講，要讓學生思考，這句話聽起來似乎很弔詭，人本來就會思考，思考我今天早上要吃什麼早餐是思考，思考我晚上要打電動還是看漫畫也是思考，既然如此，為什麼說要讓孩子練習思考呢？

一般來說，我們日常生活中所做的思考常常是粗糙的，有些「想當然耳」，以過去的習慣或常識為依歸的。我在這裡所說的思考，是細緻的思考，是論述，是可以層層推論，可以舉例的思考。這種思考不是一件輕鬆的事情，正好相反，它是很累人的。我在學校教公民課的時候特別喜歡讓學生分組辯論，我把我的辯論法稱為強迫辯論法，通常我會強迫性的把學生分成正反雙方，正方推一個論點，反方就反駁，一正一反不斷辯論直到一方再也辯不下去，才算分出勝負。這種辯論方式逼迫參與者一直一直反覆論證，不到山窮水盡不罷休。我在課堂上舉行辯論時，學生常常辯到面紅耳赤，甚至還有女學生太激動，不小心哭出來。真正的思考練習就該像是這樣，不到黃河心不死，必要窮盡一切努力，查盡一切資料，對於有疑惑的問題必要暫時有個能說服自己的答案。

台灣的教育環境不習慣孩子「回嘴」，親子之間、師生之間有清楚的上下尊卑關係，有時候，子女接受父母師長的建議或要求，並不是因為理性思考後覺得這樣比較好，只是接受權威的安排。習慣服從權威以後，小孩會變得懶惰，不再思考，反正不管我怎麼想都要聽爸媽的，不管怎麼樣都是爸媽決定，這樣的心態累積後，長大以後，爸媽可以替換成老師、老闆，這不是一種思考練習，而是服從練習，久而久之，由於缺乏對於自己相關事務的主導權，而處於被主導的地位，開始習慣把自己當作缺乏自主力與思考力的臣服者，缺乏開創性與承擔的勇氣。

如果想打破這種臣服權威的心態，教孩子問「為什麼」，容忍孩子問「為什麼」，不管孩子的問題再奇怪，都給孩子空間。不要太快給孩子答案，鼓勵孩子自己去找答案。也許這麼一來，可以種下第二顆種籽。

第三顆種籽：教孩子認識世界

目前的教育環境下，我們所稱的競爭力與國際觀，常常以非常扭曲的形式呈現。工作環境的崩壞，讓競爭力成為容忍低薪、長工時的代名詞，而國際觀，就留給那些有能力送子女出國遊學、留學或有機會出國工作，而且最好是去到歐美白人國家工作的白領工人。我們看到國外高薪的工程師，卻看不到為台灣建起高樓的東南亞勞工，我們膜拜國外的高樓大廈，卻瞧不起自己國家裡的石板屋。如果每個人想像中的好生活都是一個樣子，僧多粥少的條件下，競爭一定很激烈。如果我們希望每一個人都會讀書打電腦說英文，就像要求鳥獸蟲魚都一樣會飛，這時候，魚兒也會怨嘆自己為何長不出翅膀。

就算從風險控管的角度來看，所有人一窩蜂擠進看似有保障的明星科系、明星產業，也不保證未來出社會時，這些產業與科系依然「明星」。**不被打敗的孩子，要培養的，不只是擠進窄門當「明星」，更是在一點也不明星的地方，打造明星的能力呀！**而視野，能開創這樣的可能性。

就算不能成為明星，一個認識世界，心胸開闊的人，往往也會具有同理心與包容力，因為他知道，這世界有很多跟自己不一樣的人，不一樣的生活方式。如果可以的話，他也可以去找到一種，也許跟別人不一樣，卻最適合自己的生活方式，並且，不論他的生活方式如何，都感到安適與自在。因此，「教孩子認識世界」也許會是我們為下一代播下的第三顆種籽。

為自己負責、**練習思考**、**認識世界**，這三顆種籽看似困難，其實可以從非常簡單的地方開始著手。

也許最簡單的方式就是對話吧！每天跟孩子好好地說說話，盡量不要使用權威性命令語句，比如說「**你不會冷喔？去穿衣服。**」「**書讀完了喔？**」即使很希望孩子去穿衣服、去讀書也一樣。如果我們真的給孩子空間自己做決定，他們可以決定自己是不是會冷，這個時間是不是要去讀書，也許可以使用一些商量的口吻：「**你冷嗎？**」「**考試準備得怎麼樣？**」然後讓孩子自己決定是不是要穿衣服或者去讀書。如果孩子回答：「**不冷。**」或者「**我讀完了。**」這時，可以提醒孩子一些後果。比如說：「我覺得好冷喔，你小心不要感冒了。」或是：「不知道這次段考會不會考得很難，如果考很多很細的題目要小心不要粗心喔。」當然孩子不是傻瓜，大概從我們的第一個問句開始，孩子已經知道我們要問什麼了。也當然，最後的結果也可能是孩子感冒或者考試爆掉。但是，作為父母或師長，如果我們已經善盡提醒的職責，那麼，不論後果或好或壞，也許子女都該自己承擔。這不表示我們完全放任孩子，而是在做任何的決定時，尊重子女的獨立自主性。當然還是可以商量出一些規矩，比如如果著涼感冒的話得休養一個月，每天必須九點上床睡覺，或是如果成績退步就得禁止電玩一個月之類的。但不論是哪一種結果，**在每一個步驟裡，讓孩子感覺到是「有選擇」的，那麼，即使承擔不開心的後果，孩子也會知道那是自己造成的，**該「甘願」地自己負責。

從這麼簡單的對話開始，再更進一步，可以跟子女討論一些彼此都有興趣的事物。比如每天討論一則新聞，並請子女表達自己的看法。大人做為引導者，盡量傾聽與發問，盡量不要使用判斷句與肯定句。可以使用「你怎麼會這麼覺得？」「那某件事你覺得如何？」盡量不要使用「我覺得……」「這根本不對。」「但是……」「可是……」「不過……」作為開頭。孩子的思考與判斷再怎麼輕率、奇怪、不可思議，都盡量不要打斷他，否定他。愛因斯坦也當過小孩的，我想他也曾指著天上的星星說那是眼睛。

說話與表達是一種非常重要的學習及實踐。身為老師，我很努力地練習轉譯，使用學生能理解的方式跟學生溝通。比如，講到日俄戰爭，我會說這是一場東北的女友與前女友為了搶他跑到他家打架的故事，講到行政權與立法權的制衡，我會說這是狗咬狗而且一定得咬在一起不可以相愛的故事。可是，再怎麼高明的轉譯，都比不上「學生用自己的方式說自己的話」來學得好。我讓學生辯論時，學生可以拿生存權、人是自利的這類上課不一定記得起來的專有名詞來交叉辯論呢！

「教學」其實就是最好的學習方式，近年來很夯的翻轉教室（註一），正是使用了這個道理。所以，如果父母願意的話，請子女教他學到的東西給你聽，也會是一個非常棒的方式。彭明輝教授曾在**〈讀書的境界與層級〉**一文裡分享他的經驗，為了克服兒子在數學學習上遇到的困難，彭老師要求小孩教數學給他聽，直到小孩掌握了教數學的方法，彭老師跟他兒子說：「**你已經知道怎麼學數學，以後不用上課（給我聽）了。**」從此後，他兒子的數學果然突飛猛進。

聽跟說，想跟講，是完全不同的事情。當過學生的我們都知道，有時候明明上課的時候也認真聽了，也聽懂了，要自己做題的時候卻怎麼也不知道該如何著手，或者，在腦海裡想的東西卻難以完善地表達出來。我們目前的教學方式，通常比較重視聽、想，沒有甚麼訓練表達的機會。如果在家裡的時候，能請子女將上課所學教給父母聽，不只能確認子女的學習程度，增加話題，更能訓練出學校教不出來的能力喔！

讓孩子「說」，還有一個優點。我們目前的紙筆測驗，讓知識的血肉變得「無效率」，所以我們做筆記的時候，要盡量抓出知識的骨架。可是，當我們對於知識仍然缺乏掌握的時候，剔除血肉的概念骨架是很難被理解的。

以我自己的教學的經驗為例：「上海會戰粉碎了日本三月亡華的的野心，國民政府遷都重慶，進行長期抗戰。」這就是骨架，很像課本，學生要背的東西包括粉碎日本三月亡華野心的是「上海會戰」，國民政府遷都到「重慶」，內容非常簡短，感覺也沒什麼問題。

但如果這樣說：「東北，華北淪陷以後，日本下一站應該打哪裡？華中對不對？那華中最重要的那條長江，他的出海口是上海，所以上海會戰打得非常激烈，留下了一個很有名的故事，人家希臘有三百兄貴，中國有八百壯士，他們死守在上海的四行倉庫。八百壯士留下來斷後呀，為了掩護國民政府可以撤退到戰時基地。你想想，如果日本人從東北、華北、華中、華南這樣一路打下來，中國一定一下就滅亡了，因為那裡都是平原嘛！重兵器跟部隊一下就打下來了！所以那個時候日本人號稱三個月內要滅亡中國呀！如果中國人想要拖延一點時機，絕對不能讓他們從北打到南，要怎麼打？對嘛！要由東向西打呀！西邊是山地嘛！那中國接近西部，哪裡四面環山、易守難攻呀？四川。四川裡面最大的就是重慶市，所以戰時首都就設置在重慶。日本本來以為三個月可以打垮中國，沒想到光是上海就打了三個月，還讓國民政府撤退到重慶去拉長戰線，嘔死了！」這種說法，不用死背上海會戰、重慶，學生自動就會記得。這就是血肉的力量呀！

血肉就是要「給個說法」，讓骨架「脈絡化」而不再是漂浮在空中的概念。當我們讓孩子盡量「說」的時候，孩子才會在說明的過程中，覺得這裡似乎缺了什麼，那裡似乎缺了什麼，慢慢地把知識圖譜填滿。

如果方便的話，可以帶孩子去圖書館。圖書館有各種各樣免費的資源，免費的演講、免費的網路、免費的最新一期的雜誌可以看。我從國小開始常常跑圖書館，當然我也不是真的這麼喜歡讀書的小孩，一開始去圖書館的時候，我總挑漫畫看，跑到圖書館借用電腦上網看言情小說，開始愛美以後，到圖書館看最新的時裝雜誌，這些事情我都做過。但我也在圖書館K過書，借閱古典文學，使用有多媒體資源的英文雜誌。

孩子當然會想玩，身為大人的我們都會想打混摸魚了，更何況定力不如我們的小孩呢？但是，在「玩」的時候，小孩其實也在練習找到自己所需的資源。因為想看網路小說，學著使用網路；因為想看漫畫，對日文產生興趣；因為養寵物，而主動探求生物知識。就算是看電影、看漫畫、打電動，裡面一定也有可以延伸理解學習的事物。火紅的《進擊的巨人》不只是暴力漫畫而已，它充滿了人性與社會制度的探討。一個人的一生如此地短暫，如果我們希望能對世界有更豐富的認識與思考，除了書本以外，電影、漫畫、電動也許也會是個很好的媒介喔！

如何成為不被打敗的父母

在這個時代，要當一個「好」父母越來越困難。我們期待父母能教導孩子，又期待父母能成為孩子的朋友；我們期待父母能多陪伴孩子，又期待父母能供子女豐衣足食；我們期待父母能尊重孩子的意見，又期待父母能在適當的時候給予引導；我們期待父母能輔導孩子課業，又期待父母能給孩子溫暖的擁抱。如果有人渴望完美地演繹父母的角色期待，也許，他必須同時是教育家、團契隊輔、家庭主婦、企業家、名嘴、大學教授，最重要的是，他大概必須是個宗教家，才有辦法在這麼多要求的夾縫中求生存，還不會生氣。

這樣的說法當然有點狡猾，不過，在此想提醒讀者的是：**我們對於父母的要求，父母對於自己的要求，都太多、太高了！**

我懷疑是否真的有人能大聲地肯定自己是個「好」父母。也許你現在正在腦海中搜尋人選，但，我們理解社會對於父母的期待，不代表我們就必須把自己塑造成那樣的人，或者，只有那樣的人才是「好父母」。

小的時候，我埋怨我爸媽工作太忙，活動太多，記得有一次，我一個禮拜都沒看到他們，於是我練就模仿簽名的能力，幫我自己跟我弟弟簽聯絡簿，簽回條。同時，我媽媽對於我的功課要求非常高，什麼「**低於九十分少一分打一下**」，或者「**落出前三名，考第幾名就打幾下**」，撕作業本、罰跪、金錢控制，什麼變態的招式都用過，印象最深的是，我國小有次練生字，字寫得太醜，我媽抓起我的「標準字體」就要撕，我趕緊抓著媽媽的手哭著求她說：「這個只有一本，不能撕啦！」那完全是在驚嚇後的反射動作，我自己都嚇到，怎麼我敢這樣反駁媽媽。後來，那本「標準字體」雖然保留了下來，當天晚上，我書桌上卻多了十本空白藍色作業本。國小二年級開始，我父母開始把我送到補習班，它真的是補習班，不是可以在那邊寫作業的安親班。三年級時，我一個禮拜上兩天補習班，兩天芝麻街美語，一天珠算，這些課都排在平日，回家時間至少八點，沒有一天可以早點回家寫學校作業。一次我作業很多，爸爸來接我回家的時間晚了些，我崩潰大哭，從此後我所有的才藝班都停，只固定一週補習兩天。

這些恐懼以及壓力，在我長大的過程中沒有消失，反而漸漸轉化成一種憤怒，尤其是，當我知道我父母他們對我的要求，高於他們自己的學業成就時，那種憤恨就更明顯。爸媽根本不了解我的學業內容，他們不知道那有多麼地難，然後他們制定了一個接近完美的標準。他們怎麼可以用自己都做不到的事情來要求我？有次我忍不住跟我媽說：「**妳連我國文課本裡面有幾課都不知道。**」我沒有說出口的是：「**妳什麼都不懂，憑什麼要求我。**」

他們沒有時間也沒有興趣了解我的學業內容，所以他們只能要求成績與名次。也因為他們不了解，他們沒有辦法跟我討論課業，也沒有時間跟精力跟我討論課業，他們會用最直接的方式——體罰或者給零用錢獎勵。這種長期不被了解的負面情緒，轉化成憤怒，直接指向我的父母，尤其是我的母親。

這種憤怒伴隨在我的求學生涯當中，也展現在我的碩士論文中。我的碩士論文是研究在台灣的升學主義下，國中生家長為自己的子女請家教的現象，並且去探討這種現象背後所展現的社會意涵。在我書寫碩士論文的過程中，我才看到，我的父母處在一個什麼樣的時代與社會條件下，而且這是個普遍的經驗。升學體制與勞動力市場，與家庭教育之間的扣連性太過緊密，讓升學壓力成為台灣學子普遍的經驗。而我論文筆下那些媽媽們面臨的教育困境，我媽媽也都曾經面對過。

於是我開始慢慢釋懷。

我甚至會想像，如果再重來一次，我會希望我媽媽能用什麼樣的方式來教育我？然後我才發現，憤怒的來源不在於課業，而在於不被了解。

直到現在，我已經搬出家門獨立生活，就讀博士班的我仍有沉重的課業壓力，我媽媽也會詢問我關於課業的事情，我雖然會有點不耐煩，卻不會因此而憤怒。那麼，小時候那股那麼強烈的憤怒，那種受到不公平對待的委屈，到底來自於哪裡呢？

來自於父母的不了解，以及不近人情的要求。

我在教書的過程中，遇過數以千計的學生，也面對過許多家長。我發現，即使一樣要求成績，有的小朋友與父母之間的關係充滿緊張，就像過去的我一樣；有的小朋友卻能跟父母討論關於課業的話題，他們可以一起討論老師的教法，討論彼此對於科目的學習方式的理解。前者不一定是社經地位較差的家庭，後者也未必是社經地位較好的家庭，即使社經地位差不多的家庭，也會有前者與後者兩種親子關係的差異。

關鍵的因素就在於家長是否試著去「了解」小孩所生活的世界。

如果我的父母當時能試著去了解我當時學的東西是什麼，老師是什麼樣的老師，我喜不喜歡這個科目，我有沒有遇到困難，而不是什麼都不問，只負責出錢讓我去補習，然後看成績，那麼，也許我就不會有那麼多的憤怒與怨恨。

父母不是聖人，父母也有他們可以改進的地方。

同樣地，我也不是聖人，我當然也有些地方做得不好。

以前的我總是很羨慕同學的媽媽會早起做早餐，會陪他們看巧虎島，會陪他們練鋼琴。說實話，這些要求都非常地「挑剔」，媽媽沒有早起幫我做早餐但她給我零用錢讓我去買早餐，媽媽沒有陪我看電視但她有空的時間會帶我出去玩，練鋼琴這就更好笑了，我自己練鋼琴坐不住，還怪媽媽沒有壓著我練呢！當然，我現在用一個成人的角度來看，會覺得這些要求太超過，但是，連小小年紀的我，都知道這個社會是如何能挑剔地要求一個媽媽，這些要求幾乎可以無限上綱，以至於就算我提出一些過分的要求，媽媽也很難拒絕。也因此，當我看到別人的媽媽都可以做到這樣那樣，而我媽媽卻只要求我成績的時候，我感到委屈。

我媽媽當然可以不知道我的國文課本裡有幾課，因為那是我的國文課本，不是媽媽的國文課本，我媽媽根本不需要因此感到羞愧或不足。如果，我媽媽當時不需要那麼辛苦地維持媽媽的形象，直接跟我商量這些對彼此的期待與要求，也許我就能理解，自己對媽媽的要求幾乎可以說是強求，也不會對「媽媽」有那麼多不切實際的幻想。

稍微分析一下可以發現，我感受到的第一種憤怒來自於「為什麼父母不完美，卻可以要求孩子完美」。第二種憤怒感的來源跟第一種很像，但指涉方向相反，它來自於「如果父母要求孩子完美，父母怎麼可以不完美」。

弔詭的是，既然我們每個人本來就不完美，我們又何苦在家庭裡彼此為難，彼此要求？

要培養出不被打敗的孩子，父母當然不能先被打敗了。市面上有這麼多的教養書籍，幾乎每一本都在教父母怎麼成為一個「好」父母，為神聖的好媽媽、好爸爸再多添幾筆光環。本書卻不這麼認為，相反地，本書主張：父母不需要再勉強自己成為教育家或宗教家，父母，做自己就好了。

只是，需要多出那麼一點，這點就是——了解——多出這一點，就會很不一樣。這裡，我們想跟父母一起練習的是：請父母試著，站在小孩的高度，用小孩的眼光來看事情，理解小孩的世界。也許，父母不一定要做孩子的偶像或燈塔，父母，也許也可以是孩子的夥伴。

不論是讓小孩為自己負責，讓小孩練習思考，或者讓小孩認識世界，本書提出的方法，都不在於教出完美小孩，或者教出完美父母，相反地，本書一直在打破所謂「完美父母」的形象。我們邀請父母蹲下來，跟孩子一起成長。夥伴，也許不一定完美，卻一定會相互陪伴。

也許，只有父母跟子女彼此都先放下對於「父母」與「子女」的期待，理解彼此的優缺點，並接受彼此的不完美，才能在互相理解與陪伴當中，不斷地感受到對彼此的愛。

而愛，也許才是一切教養的前提。

【註一】翻轉教室使用科技來解決大班教學的部分問題，將課堂講授部分錄製為影片，讓學生在課外時間觀看後，於課堂時間進行練習、對話、問答、報告，讓學生自主學習，而老師的角色則定位為輔導者。

結語：不被打敗的孩子

過去，那個高職多於高中，大學錄取率低的年代，考上大學就等於高等人才，是高薪與就業的保證。現在，考上大學比考不上更容易，我們的父母輩傳承下來的生存祕訣已經失靈。若不想畢業即失業，如果想走出一條自己的路，也許是該重新思考文憑與就業之間，學校與知識之間，以及學習與能力之間的關係了。

不被打敗的能力是能帶著走的能力

進入所謂的明星高中就讀以前，我一直都就讀地區性的公立學校。相較於以升學為主要目標的私校來說，公立學校的課程較正常化，不會有音樂美術課被借去上考科的情況，也沒有強迫晚自習，從小學三年級開始，班上都正常開班會，一起決定班上的事物。因此，國小國中生活都過得相對輕鬆，從來沒有認真想過未來，也沒有想過升學這回事。一直到國中我才第一次聽到建中、北一女，上高中才知道台清交，也才知道原來有個窄門擋在我面前，那道窄門叫做「升學」。

我無法否認進入明星高中就讀是相當有利的。雖說那三年高中生涯裡給我的記憶充滿壓力與壓抑，可是，擠入那道窄門後所能獲得的利益是如此地現實。長輩們用更為寬容的眼光看待我，幾乎拿到人生安排的主導權。出門在外時，只要報出校名，總能得到許多關注，也不太需要為未來擔心，搭上開往光明前途的列車。

上一個世代的成功模式之一，便是好好讀書，考上大學，成為專業人士，建立都市新中產家庭。我的父母輩求學的時刻，正是台灣升學競爭最激烈的時刻，九年義務教育啟動，大量學生擠入國中，高中卻尚未相應擴張，同時，國家的教育政策側重訓練初級勞動力，分流調控高中職比例，目標為三比七。國中生人數擴張，高中學歷難求，大學畢業生金貴的年代，許多在分流教育下進入初級勞動力市場的女工們，親眼見到學歷帶來的現實利益。好學歷等於好工作的聯想在家長世代們心裡建立，而缺乏栽培或聯考失利的遺憾，讓一九七〇年代出生的家長世代們更追求「教育」帶來的名利。無論是從經濟資本（註一）、文化資本（註二）或社會資本（註三）的角度來看，大學畢業生相較之下，佔據更好的立足點。在追求教育的集體心態追捧下，上一個世代的家長或許經過計算，或許盲從潮流，或許抱著補償心態，支持子女升學成為一條「阻力最小的路」。

我自己的學業生涯路徑，便是按照這條過去「阻力最小的路」一路向前走來，剛好搭上最後一班聯考列車。只是，從廢除聯考的那一刻開始，學生們面對的教育與社會環境已經與過去截然不同。

首先，高等教育擴張，學歷已經不再是好工作的充分條件，文憑貶值嚴重。其次，升學制度的改革也使得紙筆測驗的重要性降低。高中入學從考兩次基測，到一次基測，從分發、免試，再到會考，不論是超額比序或志願序的設計，都彰顯政府打擊明星高中，並將學生導入社區高中的決心。同時，大學入學制度也有劇烈變化，繁星推薦的比例提高，明星高中不再吃香，在校成績成為唯一判準。甄選入學比例提高，參加指考（類似於聯考分發）的學生大量減少，預定在一一○學年度起，全面採用繁星與甄試入學。繁星推薦是為平衡城鄉差距而推出的制度，根據在校的校排來推薦入學，不論學校是在大城市或小鄉村。而甄選制度則是使用學測成績作為門檻，各校系各自規定入學申請所需採計的標準，不論是成績、小論文、競賽記錄或面試，甄選所需評估的能力更加多元。同時，學測的考試與成績計算方式也很特殊，學測考五個考科，不論文組理組的學生都要考社會科與自然科，出題範圍則以高中一二年級為準，不會考過於專門而刁鑽的題目，同時，採用等級制計算成績。這表示，學測更重視的是各科的均衡發展，也更重視思考性而非記憶性能力。把學測成績當做甄選門檻，根據各個校系的計分方式不同，紙筆測驗的影響力將大大地降低。研究不同科系的計分方式，找到自己最有利的科系進行申請，甄選制度要找的，是對科系有認識、有熱情、有潛力的學生，口試與甄選資料的重要性將大大提高。

這些入學變革實施後，若心態沒有改變，仍然抱持著聯考時代考高分上好學校的心態，就會出現這次國中教育會考後出現的許多現象。因兒子只考上附中而摔模型的父親，因女兒不願參加特招挑戰第一志願窄門而跳樓的母親，考五個A++卻因志願序扣分而在第一階段分發高分落榜的學生。這個世代，若想從升學制度謀得成就，不只要冒著文憑貶值的風險，進入名校窄門的方法，也已經不只是埋頭讀書就夠的。我們若想培養出不被打敗的孩子，應該要培養學子在各種不同的環境下，不論升學或者不升學，不論升學制度如何變更，都能認識自己所處的環境，找到自己的利基，在縫隙中站穩腳跟的能力。

其實，這種說法的核心早在教改之初就已經提出來，它就是培養能「帶著走」的能力。我認為，這些能力，其實可以透過人文與社會科學訓練來養成。

高職生寫信給行政院長

畢業後的第一年，我在高職擔任公民兼課老師。高職公民是一門很有趣的課，它是必修，統測卻不考，包含心理學、社會學、法學、政治學、經濟學五個部分，學生在寫習作時，也會比較有「想像力」。我在改政治學習作時，裡面有一題是請學生對政府提出建言，結果學生提了一些讓我很驚訝的內容，比如「十二年國教太長，不要強迫學生讀書」，或是「為什麼我們要金援外交」。我想試試看，如果我一直相信的，學生的思考力可以在社會科訓練出來的話，那麼，如果我讓學生討論我國目前的政治社會問題，並且讓他們實際將問題寫下來，寄到行政院，會有甚麼樣的成果？

於是在第二次段考完，我就嘗試性地給學生做了一個寫信給行政院院長的活動。而且為了讓學生「玩真的」，我向學生強調，我一定會把信件寄出。

不過，大約一個星期以後，我就有點後悔了。

我突然發現這可能是個有點危險的活動，因為我不知道學生會寫些什麼，另一方面，當時正值總統選戰打得火熱之時，我突然驚覺到，學生可能會認為我是為了個人的政治立場而進行這個活動。

後來，我將這個活動分成三個步驟。第一步，我先讓學生票選出要寫信給行政院院長的執筆者，然後全班分成六組，討論二十分鐘，腦力激盪出五點以上的建言。

我們之前已經有多次討論的經驗，學生很快地就在各組的紙條上洋洋灑灑地列出許多個建言，欲罷不能。

接下來，我請學生將寫著建言的紙條交給信件的執筆人，並請每個同學都回家查資料，將自己提出的建言「血肉化」，查資料並為自己的建言舉出實例。

一個禮拜之後，我們進行第二個步驟。

我讓上次選出的信件執筆者上台主持討論，我完全不參與討論，包括如何投票表決的方式，全部都讓主持的學生自己決定。在這個過程裡，不同的班級會有不一樣的表現，有班級是主持的人在台上侃侃而談，將這段時間當作他的政見發表會；有班級是台下一片靜默，主持人在台上把建言一條一條唸過一遍，請學生舉手表示贊不贊成；但也有學生是討論非常熱烈，並且會協商彼此都能接受的表決方式。

不過，最慘的是，有某個班級是台上的人尷尬地把上次大家交給他的紙條上所列的建言念出來，而台下同學完全不理會他，因為他們班上有許多人覺得，寫信給行政院院長這種事情沒有意義。甚至在我決定要舉行這個活動的當天，就有學生在下課時間跑來跟我說：「**老師這根本沒有用。**」

如果這就是所謂的審議式民主的實驗的話，我發現，能不能好好地運用這段完全自主討論時間的關鍵點，就在於班級平時的風氣。

如果這個班級導師的領導風格是高壓式的，那麼學生幾乎無法開啟真正的討論。大家會等在那邊，不說話，看台上的同學或老師會有什麼樣的反應，最好老師可以介入，這樣學生就輕鬆了。但我已經鐵了心不介入討論，所以學生尷尬，我就讓他們繼續尷尬，有的班級可能二十分鐘的討論時間裡，有十分鐘就這樣尷尬掉了。

但如果帶班導師的風格是比較平等的、對話式的帶班方式，那麼同學對於發言、討論與表決是駕輕就熟的，而且他們不會「害怕」發言，不會怕自己鼓起勇氣說了話卻被一個擁有權力的人，像是老師或是班上的領導者譏諷，甚至懲罰。

除了導師的帶班風格外，學生的學習經驗也會影響到討論的品質。如果學生在學習上常常感到很挫折，那麼，他們不只不期待討論，希望上課時完全不要有討論，甚至會開口嘲諷在討論時間內發言的人。我上學期所帶的班級裡，有一個班級的討論課完全失敗，學生不願意參與，參與的學生還會被嘲笑。我讓他們不記名投票表決決定是否要進行寫信的活動，反對票壓倒性勝利，所以他們沒有進行這個課外活動。

這樣的班級所期待的上課方式是老師在台上口沫橫飛，學生在台下也許呆看著老師，也許做自己的事情，也許有在聽課，也許沒在聽課，反正，只要「安靜」就好了。只要安靜，五十分鐘再怎麼無聊總會過去，然後，一節課又「安然無事」度過了。對某些人，某些班級來說，只要能安然無事，就是好事。這些班級的學生也比較傾向於不信任「權威」，他們對於權威沒有好感，一點也不想與他們打交道。

更糟的狀況是，有的學生有一種隱藏的「受害者心態」，不管對於學校或者對於政府，也許在某些人的心目中，學校就等於政府，反正，「有權力的人即使知道我的困難也不會幫我」，甚至在他們的心裡，權威等於壓迫者。這種想法在學生對「警察取締學生抽菸」的討論中表達無疑，而且不只一個班級討論到這一點，只是有些班級的信件執筆者沒有將這些討論付諸文字。

二十分鐘的自由討論結束以後，第三步，我會給信件的執筆者一個星期的時間將信件完成，寄到我的信箱後，下一個禮拜的上課時間，我帶著平板電腦到班上，直接朗讀各班信件，一句一句，問同學是否需要修改，當場修改後，下課時間直接到辦公室將信件印出，請學生簽名以示負責後寄出。

學生對於行政院的建言，整理過後大約有以下幾個部分：

學生最重視的是教育問題，其中，每個班級都提到北北基聯測對於高一學生的學校分發所造成的困擾，接著，有兩個班級特別強調十二年國教會降低學生的競爭力，但有一個班級指出這一點時，班上有同學反駁認為，這樣才能降低升學壓力，鼓勵學生多元發展，後來這個班級為了這個論點有些辯論，但沒有得到共識，因此把這一個論點從信件中刪除。每個班級都提到教改讓學生無所適從。

我最訝異的是餐飲科的學生特別指出，技職教育應更重視實作，而建議教育部與新北市教育局放寬技職學生的國英數學科及格標準，刪減學科課程內容。

在交通部分，幾個班級都提到馬路怎麼鋪都鋪不平，施工不斷，另外，捷運路線的更改也對部分學生造成困擾。

在經濟方面，除了商經科比較重視總體經濟以外，學生對於家庭的經濟壓力深有所感，高失業率、通貨膨脹的威脅對他們來說並不遙遠。我最重視的是，許多同學提到低收入戶的標準應放寬的問題，四個班級裡有三個班級在討論的時候指出，低收入戶的標準認定困難，使得許多貧困的家庭無法獲得應有的補助。

在外交方面，有不少學生提到我國的外交困境，學生從媒體及新聞裡感受到中國崛起對我國的威脅，以及雙方軍事實力的差距。

除了上述幾點，還有核電、貪污、女性在媒體中的物化現象以及同性戀婚姻等，都有學生寫入信件。這次的經驗讓我發現，學生自己集思廣益、蒐集資訊，並付諸實現，其實會有相當不錯的成果。

而這不正是我們想培養出的能力嗎——發現問題、蒐集資訊、討論與實踐的能力，不就是我們期待孩子們，面對未來的每個難關時，都能面對、看穿、克服，立於不敗之地的能力嗎？如果我們把學習也當作一個個須克服的關卡，那麼，這些能幫助我們看見問題、蒐集資訊、解決問題的帶著走的能力，不也是一種自主學習的能力嗎？不被打敗的孩子，會不會，正是那些有自主學習的能力的孩子？自主學習的能力，會不會，也正是那些在多麼糟糕的情況下，都能迅速應變的能力？

我在學校擔任兼課老師的兩年半裡，所待的學校，都是遠離台北市中心，相較之下資源較為缺乏的學校。我所接觸到的學生，通常也不是資源豐沛，在升學制度下力爭上游的學生，即使在這樣的學校裡面，只要放手讓學生練習思考，並付諸實踐，還是會有亮眼的表現。

殘酷一點來說，正因為是在較為邊陲的學校裡，才更需要練習思考，因為只有這樣，才能在殘酷的環境裡找到出頭的縫隙，像庖丁解牛一樣，找到社會制度的紋理，爭取冒出頭的機會。

每個人都有機會成為不被打敗的孩子

考大學的時候，我對於大學的科系到底在讀什麼，實在沒有概念，當時受到很多外在的說法影響，覺得要讀商科才有出路。

我考差了。

指考當天，考我很有把握的歷史的時候，我突然發現監考老師一直站在我隔壁，轉頭看了一下，什麼！怎麼有一本參考書在我隔壁的空位上？我心臟砰砰直跳！監考老師看著那本參考書看了很久，把它拿起來，往窗台外丟，「碰」地一聲，那參考書摔在走廊，我的心也 down 到走廊。

那是維特該煩惱的年紀，我腦內的小劇場忍不住狂演，甚至幻想記者採訪畫面上，我大哭：「**那本參考書真的不是我的！**」哭花的大臉擠滿電視機畫面，標題是：「**北一女學生因參考書被趕出考場！**」在這樣的狀態下，很有把握的歷史反而考了最低分，我因此直接被台大管理學院判定出局。

幸運的是，我就讀的高中有學姊學妹制，當時我又在補習班打工，見到來自各個科系的學長姊們。我每天的工作就是問問問，管院不行，目標就移到社科院，幾個科系來來回回，當時我已經知道我的成績落點在政治系或社會系之間，我找來政治系的學姊問，找來社會系的學姊問，最後發現，我似乎滿適合讀社會學的。

就這樣，我填了社會系。直到今天，我都感謝上天的安排。

考研究所的時候，我本來報名了企管所的補習班，當時我剛好修了一些系上的課，參加了一些讀書會，直到我發現，我上商科的課時，只想快點完成一份工作，可是每到讀社會學相關書籍，或者跟同學討論社會學時，我卻萬分期待。

有一天討論結束後，我的腦袋裡不斷地轉著與社會學有關的事情，很興奮，心跳得很快，精力旺盛，洗澡的時候大腦還不斷地在運轉。突然，好像有一道閃電劈下來一樣，我意識到——我不該考企管所，我該考社會所！

那是一種「召喚」，一個內在的本能，只有感受過的人才能知道它的威力，以及那一刻的感動。

電影《我們買了動物園》裡有一句名言，很多人喜歡，它是這樣說的：「*Sometimes all you need is 20 seconds of insane courage.*」有時你需要的，也不過是二十秒瘋狂的勇氣而已。而我很幸運地，曾經擁有這樣的二十秒。

當年，我那二十秒的勇氣，讓我從廁所裡立刻衝到我媽房裡（當然有穿衣服）。直接搖醒我媽，大聲宣告：「媽，我要讀社會所。」

結果，我這二十秒的勇氣，換來我媽一句：「那妳乾脆不要讀了。」

我記得我當時說：「我覺得讀社會學有天分，如果我去讀企管，也許只能念個六十分過關，可是讀社會學應該會有一些成就。」

我媽說：「我知道即使我反對妳，妳也會去做，反正妳從來不聽我的話，我以前想要妳當醫生，妳要選文組也沒問我，我又想要妳當律師，結果妳去讀社會學也沒問我，妳以前說你想當老師，後來又跟我說妳不想當老師，反正我說的話妳都不在意，妳答應我的也從沒做到。妳只是要我答應你，沒有真的要問我的意思啊。」

我很失望，很受傷，在我的學生們那個年紀的時候，我也常常很挫折，很控訴，覺得為什麼都沒有人了解我？為什麼都沒有人支持我？

我當時可能被天啟了，也許我成熟了，我突然意識到，當我要求我媽媽支持我的時候，我似乎沒有表現出足以讓他放心支持我的成果。如果我什麼都不做，只會對家長大吼「**你都不支持我**」，那家長怎麼可能會放心地，相信我知道自己在做什麼？相信我真的能為自己負責呢？

也許，當我們跟家長說，「**我要當畫家**」，「**我要當演員**」，「**我要當歌手**」的時候，家長也會很害怕的，因為他不知道，當他今天說「好，我支持你」，未來失敗的時候，會不會回頭來埋怨他？所以他們會說：「**你先把書讀好再說。**」只因為這是比較安全的道路。我媽的回答讓我很挫折，但我知道，不能像以前一樣跟我媽硬碰硬，兩敗俱傷。我只能使出我那一百零一招——撒嬌。

面對家長的時候，除了愛以外，我們還需要什麼呢？我們還能依恃什麼呢？我們彼此都只擁有愛而已啊！

而他們愛我們，永遠比我們愛他們多得多。

所以我說：「媽，可是我很愛妳，我希望妳支持我，妳如果不支持我的話，我會很痛苦很痛苦，痛苦得不知道該怎麼辦才好。」

盧到最後，媽媽嘆了口氣，說：「我只能跟妳說，讀那個不好啦，社會上就是這樣，很現實啦。那妳一定要去讀，我也無法阻止妳，那妳就去讀啊。不過妳要我支持妳是不可能啦，因為我就是覺得讀那個不好，但我也不會反對妳啦。」

我知道對霸道的媽媽來說，這已經是最大的讓步，雖然不完美，但還是可以接受的，於是我就去考了社會學研究所碩士班，也考上了。三年後，我拿到碩士論文獎，做了一個對我自己很重要的研究。直到現在，我都很感謝自己那二十秒的勇氣，還有我媽的讓步。

現在，我可以教社會科，用我喜歡的方式，我自己稱為社會科學式的社會科的方式來教。我可以觀察，我有理論工具，我可以寫作，我可以分享，並且用以上這些來謀生，我很幸運。

① 失敗不一定是失敗

如果說，我從這些年來的求學生涯裡學到了什麼的話，我想，我學到的第一件事，就是「失敗不一定是失敗」。

考大學時，我差三分錄取我的第一志願台大經濟系，卻陰錯陽差地錄取了更適合我的社會學系，後來我申請經濟系輔系，才發現經濟學的模型解釋無法說服我。

考研究所時，我甄選台大清大都在第二階段時的口試被刷掉，爾後考台大時竟「備取一」落榜。可是，離開了台大社會系，來到清大社會所，我習得了許多在台大學不到的能力，更得到許多同儕與系所的支持，口試失利也讓我認識到自己在表達方面的不足，不斷地反省與練習後，於博士班的口試中，我沒有再犯一樣的錯誤。所以，我現在知道，不管在求學生涯或人生旅途中面臨過多少次的關卡，人生絕不會因為選錯一次，或犯錯一次，就毀掉一切的。如果把時間拉長來看，國高中三年的時間，或大學四年的時間，跟往後三十年、四十年、七十年比起來，影響力真的沒有想像中那麼大，我們永遠都有翻身的機會。

② 珍惜自己的天分與熱情

我學到的第二件重要的事情，就是要珍惜自己的天分與熱情。人生最幸福的事情之一，大概就是能一直做著自己喜歡的事，而且這件事還能賺錢吧！當年我選擇社會學系的時候，沒有人會想到我今天會成為一個社會科老師。補習班的教學工作集中在假日，讓我能沒有經濟之憂地完成碩士學業，碩士畢業的第二年，我年薪飆升至百萬大關，於是我毅然決然地在逼近三十歲時，放棄週間的工作，只在週末工作，回到學校就讀博士班。

我一直相信，人一輩子要尋找的不是職業，不是事業，而是志業。

我並不是什麼書香世家或家境優渥的學生，我家連小康都不算，在我求學生涯中也曾有幾年拿過低收入戶補助。所以，今天能有這樣的機緣，除了感謝上天與許多貴人之外，我也相信，一件事情，只要一直不斷地想辦法廣化與深化，一定能有用心與用力的地方。即使在困厄的環境裡，我還是願意傾聽自己內在的聲音，也相信命運，會把我帶往足以安身立命的地方。

該是我的就是我的，想要的得不到，也許也是很好的，上天自有祂的安排。

③ 不要迷信文憑的力量

雖然我從學校體系中獲得了許多實際的利益，比如說文憑，比如說進入國高中兼課，但這些年來我看到的，反而是「不要迷信文憑的力量」。

曾有人說，知識就是力量，但知識只有在化為行動的時候，才會真正化為力量。如果一心把知識，作為換取文憑、名聲、金錢的工具，或者為了換取「什麼」做任何事情的時候，都會非常地辛苦，非常地不值得。

我常跟我的學生分享我的求學經驗，然後我會提醒他們：如果行有餘力，希望你們在考慮未來的事業的時候，都先考慮興趣，然後考慮如何用興趣謀生。就算不行，也沒關係，工作只是人生一個很小的面向，真正需要經營的，是生活。

在學校裡我們接收到的訊息是：學校是職業養成所。可我觀察我周遭的人，我的大學同學有去當服裝設計師的、去拍電影的、去當會計師的、創業的、當業務的、跑新聞的、廣告設計的，甚至還有跑到國外擔任有薪志工的。畢業以後，我們可以選擇的行業比想像中的多很多很多，真的學什麼就做那一行的，反而不多。很多時候，我們是進入職場才開始學習賺錢所需的技能的。只要有心，我們能在任何恰當的時間點轉行。因此，不需在十五、六歲的青少年時期就像在挑老公一樣，認定某個學門就嫁了，反而是，只有當你對這個學門有熱情、有興趣的時候，特別能一路堅持下來。

所以，在高中大學時期挑選科系的時候，如果可以的話，先考慮興趣，這不是理想，而是實際——有興趣才能有堅持，有堅持才可能有專業——專業是練出來的。

④ 態度決定高度

專業依靠的不只是天分，還有練習，更重要的，是「態度」。

我讀過全台灣最優秀的高中，最優秀的大學，見過許多成功的人，我發現，這些人之所以能夠成功，倚仗的絕對不是他們的聰明才智，當然，這世界上真的有天才，但大部分的人，都像你我一樣，資質中等。如果要說什麼是成功必備要件的話，我會說，是良好的「態度」。

大學有次打掃系館，班上的書卷獎第一名被分配到系館外的花圃，那麼大的花圃，誰會在意哪一條欄杆擦得乾不乾淨？但她一個人，把花圃裡的落葉掃乾淨後，拿抹布，一根根欄杆擦拭乾淨，連看不到的地方都不放過。我等她，在她旁邊一直說，**「可以了！沒人會注意的！」**但她堅持把整個花圃都整理過一遍，弄到全班最後一個離開。

那時，我認識到我跟她之間的差距——**不是聰明才智，不只是努力，而是在於做事情的態度**。如果你是老師，或者你是老闆，你喜歡我這樣會說「沒人會注意」的學生，還是會把事情做到好的員工？如果她連打掃都這麼用心，何況是讀書或工作呢？如果我跟她研讀一樣的科目，或者操演一樣的工作，花一樣多的時間，一樣地努力，我敢說，她讀書一定比我紮實，工作一定比我用心，這樣的態度，從打掃這件小事就看得出來的。

這些年來，我學到「專業」與「態度」這兩件重要的事情，它們是互為表裡的：**決定未來高度的，是態度；決定你是否跟別人不一樣的，不是學位，而是專業**。

任何事情，只要做到「**除了我之外，沒有別人能做到**」，就是專業。就好像我致力於社會科學式的社會科教學，我知道雖然我教書沒有王飛老師好笑，沒有沈揚老師親人，但我對於社會科的熱情，一樣可以感動學生。

⑤ 探索自己

這是我以前沒有做到的，也是台灣的學生們很少做得到的，我覺得很可惜。我以前跟大家一樣，以為只要成績夠高，要什麼科系沒有？偏偏我們面對的抉擇常常是：**成績到了，卻不知道要填什麼科系？**

當年的我有學長姊可以問，是我的幸運，如果沒有，順著世俗的角度，想當然耳地填志願，也許就沒那麼幸運了！我就聽過幾個例子，填了沒興趣也沒天分的科系，不是被二一退學，就是倒了學習胃口。到那個時候，學習會是需要應付的、辛苦的工作，而不會是可以投入的志業了！

所以，我常鼓勵學生撥空參加台大的杜鵑花節或政大的包種茶節，多聽多想，問問自己，到底喜歡什麼，適合什麼。

要找到能投入一生的志業，第一步，就是「認識自己」。

其實這很難，非常地難。

如果真的不知道該怎麼開始，讓孩子到街上看看，看看遇到的人裡面，他們想跟誰一樣，然後請他們想想：**我為什麼想跟他一樣？我要怎麼樣才能跟他一樣？**想到以後，就去做。

除此之外，也請孩子思考一下：**我不想要跟誰一樣**。

有的時候，「**我不想成為這樣的大人**」這樣的信念，也許更重要，請用力地記得，我們曾經跟自己說過：「**我不想成為這樣的人。**」然後，一輩子都不要忘記這件事。

圍繞著「別被教育打敗」，整理我十年來求學與教學生涯，本書的旅程也終於來到了尾聲，但我好像還是沒有辦法給「不被打敗」一個精準的定義。

如何清點一個「不被打敗」需要的能力？我不認為答案是傳統的，如國際觀、英文能力、領導力等等，這些看似「成功」的必備要素。反而，我認為是「失敗不一定是失敗」、「珍惜自己的天分與熱情」、「不要迷信文憑的力量」、「花時間探索自己」，這些看似沒有辦法即刻化為成績或金錢的體悟。

這些想法看似「無用」，卻在我的生涯中，扮演了許多關鍵的角色，並且在人生低谷時，給我許多面對困境的力量，也因此帶來許多轉折的機緣。本書一開始提到：「順著社會的期待，或者過去被認為成功的途徑來走，不保證未來的成功，更不保證幸福與意義感。我們不需要每個孩子都成為郭台銘、李遠哲、王建民，真正的教育，也許關鍵在於如何讓小孩學習一種能力，一種能在任何困難的環境下，都能適應，並積極開創可能性的能力。」這不是一本教小孩如何成功的書，可是它是一本「不被打敗」的書，而我們每一個人，不論你我，作為學生或老師，小孩或父母，也許在生命中的某刻，都需要一些「不被打敗」的信仰與傾聽。我期待，這不只會是一本教養書，一本勵志書，也能是一本友伴書，在需要的時候，它也能給我們一些陪伴與安慰。

在陪伴孩子成長的過程中，尤其在目前的教育體系裡，感到困惑或焦慮的時候，希望本書內討論到的教育經驗，能夠帶給每個人一些想法，無論它們是好的啟發或壞的評價。本書內提到的，都是我這十年來，扮演學生、家教老師、學校老師、補習班老師這些角色時，所觀察到的現象與反思。我們每一個人，總有與教育牽扯不清的時候，總是會有那麼一兩次，我們思考教育、參與教育、批判教育。如果這本書的分享，能讓關心教育的你我有一個反思與實踐的開端，也許有一天，即使是那些已經對教育灰心的參與者，也有死灰復燃的時候呢！

【註一】即財富，能轉化成其他形式的資本。

【註二】個人在文化方面的資源分為三種形式，內涵的知識或需長時間培養的品味，外在的具體文化資財如書籍或畫作，以及體制認可的制度形勢資本，例如文憑。

【註三】個人所能動用的人際關係，與人脈有異曲同工之妙。

國家圖書館出版品預行編目（CIP）資料

別被教育打敗 / 高子壹著 . -- 初版 . -- 臺北市 :
奇異果文創 , 2015.02
224 面 ; 14.8×21 公分 . --（好生活 ; 4）
ISBN 978-986-91117-6-8（平裝）

1. 教育 2. 文集

520.7 104001410

好生活
004

別被教育打敗！

作　　者　高子壹

美術設計　蘇品銓

總 編 輯　廖之韻
創意總監　劉定綱
行銷企劃　宋琇涵

法律顧問　林傳哲律師　昱昌律師事務所

出　　版　奇異果文創事業有限公司
地　　址　臺北市大安區羅斯福路三段 193 號 7 樓
電　　話　(02) 23684068
傳　　真　(02) 23685303
網　　址　https://www.facebook.com/kiwifruitstudio
電子信箱　yun2305@ms61.hinet.net

總 經 銷　紅螞蟻圖書有限公司
地　　址　臺北市內湖區舊宗路二段 121 巷 19 號
電　　話　(02) 27953656
傳　　真　(02) 27954100
網　　址　http://www.e-redant.com

印　　刷　永光彩色印刷股份有限公司
地　　址　新北市中和區建三路 9 號
電　　話　(02) 22237072

初　　版　2015 年 2 月 11 日
I S B N　978-986-91117-6-8
定　　價　新臺幣 270 元